案發現場的蠅蛆、蒼蠅與甲蟲……
沉默的目擊者如何成爲破案證據

a fly for the prosecution

howdunit	how insect
series	evidence helps
3	solve crimes

犯罪手法系列3　　　　　法　醫　昆　蟲　學

麥迪森・李・戈夫——著　　　　　　　　　　　Dr.
祁怡瑋——譯　　　　　　　　　　　　　　Madison
蕭旭峰——審訂　　　　　　　　　　　　Lee Goff

目　錄
CONTENTS

推薦序

昆蟲是命案發生時唯一的忠實目擊者

通常發生命案後第一個到達現場的並不是警察，而是昆蟲。然而我們要從昆蟲問出些什麼，其實不是一件容易的事，法醫昆蟲學就正扮演著這個角色。利用昆蟲或其他節肢動物的知識協助刑事案件的偵查，也就是法醫昆蟲學研究的領域。

麥迪森・李・戈夫（Madison Lee Goff）教授是國際知名的法醫昆蟲學家，長期協助夏威夷警方以昆蟲學知識解決刑事案件偵查上的難題。他也是將法醫昆蟲學應用於實務案件上最為積極且最具經驗的國際專家之一。這一本早在2000年發表的專書，一直是我在課堂上推薦給學生的入門好書。與其說這是一本學術專論，倒不如說像是一本饒富趣味的小說。書中他娓娓道來多年在學術生涯與刑案偵查上的故事與經歷，從死亡時間、死亡地點到死亡原因的推斷等，每一個章節都非常引人入勝。

法醫昆蟲學算起來是一個相對冷門的學門，雖然已經發展了好一段時間，但嚴格說來其應用還不算十分普及。我們要知道刑事案件的偵查是非常繁瑣的過程，並不是每一起案件都那麼輕易可以找到有用的佐證，這跟動畫、電影或電視影集演的

完全不同。因此頻繁出現在刑案現場的昆蟲，就成為我們可以蒐集的重要資訊來源之一。在講究司法人權的今天，任何犯罪嫌疑人都必須先以無罪來推定，因此找到足以認定有罪的證據就顯得十分舉足輕重；在台灣慢慢邁入講究科學證據的時代，任何蛛絲馬跡都可能成為關鍵的佐證，也是降低冤錯案發生機率的不二法門。其中，昆蟲相關的證據更是生物跡證中非常重要的一環。

在台灣，法醫昆蟲學的起步甚晚，一方面相關類群昆蟲的研究人員極少，一方面大家對於屍體研究或多或少都還存有忌諱。這幾年來，國內相關研究的學者有稍微增加的趨勢，但在實務上仍非常需要法醫及鑑識人員等人的積極參與，否則可能僅停留在學術研究的範疇中，很難提升它的實用價值。台灣第一線刑事案件偵查的參與人員包括了檢察官、鑑識警察和法醫師，而不管是刑案現場的調查或解剖相驗的過程，都是非常重要的法醫昆蟲資料蒐集時間點，倘若錯過了這些時間點，基本上大部分的資訊是無法再次獲得的。過去我們有機會參與一些刑案的調查，發現不管是在分屍案、意外死亡、自殺或長時間的死亡案件中，昆蟲資訊都被證明至少在補強證據力上有其重要性。值得一提的是，若非經過這些有興趣或曾經接觸過法醫昆蟲的第一線人員的媒介，我們接觸到這些案件的機會微乎其微。這也是我們希望在各種不同的媒體或教學場合中，盡可能推廣這類知識的原因。非常高興麥田願意出版這類書籍共襄盛

舉，在本書中我們可以看到李‧戈夫教授如何高明地應用昆蟲證據抽絲剝繭，一步步解答案件的謎團。還有一點非常重要的是，我在書中看到了李‧戈夫教授對待這門學科的嚴謹態度，這是我非常欽佩的地方。其實任何一個昆蟲學的證據最終都必須經過法庭上的嚴格檢視，唯有符合科學標準的法醫昆蟲證據才是可長可久的真理。

由於這本書原本在市面上流通的只有原文的版本，在知識的推廣上多少有一點障礙，此一繁體中文版的發行，對一些非昆蟲學或生物學背景的讀者來說，無疑是一大福音。本書譯者在翻譯的過程中，在昆蟲學、法醫學和刑事偵查的專業名詞以及文句的潤飾上花了很大的工夫，使其更加具有可讀性。各位會發現如同我前面提到的，這其實是一本幾乎可以一口氣看完且非常吸引人的小說。

個人忝為在大學裡教授法醫昆蟲學的老師，一直非常仰慕李‧戈夫教授能在實務界將法醫昆蟲知識應用得如此淋漓盡致。這本書我雖然已經看過很多遍了，但每一次閱讀都會有新的體悟與靈感。書中所提到的內容，是我上課時經常和同學們討論的案例，也同時啟發了許多我們研究的方向。本書的出版，除了對學術界、警界、法律界有重要的意義之外，我想也可以讓更多有興趣的讀者多了許多茶餘飯後閒聊的題材。更重要的是，這真的不是一本憑空幻想出來的小說，而是李‧戈夫教授用他十數年的學術經驗所累積出來的，每一個案例都真實存在。我

自己很喜歡這本書，也推薦給你們。

蕭旭峰
2019年5月謹識於國立台灣大學昆蟲學系

前言：1984年檀香山

Prologue: Honolulu, 1984

那天早上正適合去海邊釣魚和撒網捕螃蟹。陽光普照，空氣裡瀰漫著雞蛋花香，3名釣客出發前往離家僅僅幾哩的珍珠港（Pearl Harbor）。他們把車停在廢棄的頂級啤酒廠（Primo Brewery）廠區，走一小段路來到海邊。正當他們沿著步道往前走去時，一股難聞的異味飄了過來，味道比他們拎著的一桶魚餌還重。其中一人朝發出惡臭的方向看過去，目光穿過圍籬，瞥見一具屍體躺在那裡。

命案調查人員抵達現場時，他們看到屍體橫在一條淺淺的排水溝上，排水溝裡滿是樹木的枝葉，屍體的頭部朝向大海，雙腳對著檀香山的內陸，手指甲和腳趾甲都塗成大紅色。左手肘微彎，左手臂舉過頭頂，像是試圖抵禦攻擊。左手掌不見了，但右手掌完好無缺，雖然已經乾縮。下顎脫離顱骨，被遺留在離顱骨16吋遠的泥地上。左腿跨過右腿。左腳少了3根腳趾，但除此之外，整雙腳都好好的。屍體內外都有很多甲蟲及其他昆蟲爬來爬去。

屍體似乎符合一名女性失蹤人口的特徵。她在1984年9月

9日被通報失蹤，也就是屍體被發現前19天。該名女子生前最後被人看到時，身旁有一名高大的白人男性，兩人一起離開珍珠城（Pearl City）的一家餐廳，她是那間餐廳的合夥人之一。她的車後來在30多哩外的懷厄奈（Waianae）地區被找到，車內有血跡。

經由牙齒X光比對，該名女性的身分確認無誤。被通報失蹤時，她穿著一件側邊有白色條紋的黑色緊身衣，下半身搭配一條印花裙。屍體送達停屍間時，所有衣物都已變成深褐色或黑色。她的頭部幾乎不剩一點皮肉。甲蟲的幼蟲以脫水的組織為食，在幼蟲口器的啃咬之下，屍體暴露在外的顱骨顯得很光滑。肋骨也暴露出來，上頭仍殘留一些乾掉的皮膚碎屑，另有一塊塊羊皮紙般的皮膚附著於頸部和腿部。內臟沒了。法醫只找到一個受創的證據，是她頸部的舌骨斷裂，此一特徵符合徒手勒斃的死法。現在，警方知道身分，也知道死亡原因是他殺。但受害者是什麼時候死的？幸好我們有目擊證人，亦即在屍體上的大量昆蟲。唯一的問題是如何讓牠們向調查人員揭露證據。

法醫找我過去，於是在他們完成驗屍工作時，我來到檀香山的停屍間。有鑒於屍體的狀況，驗屍的流程沒花太多時間。當時，我剛積極參與法醫昆蟲學相關事務一年多而已。不時就有個昆蟲學家騎著摩托車、帶著捕蟲網和一袋瓶罐出現在停屍間，檀香山警局還在適應這件事。但之前有兩次，我估算的死亡時間對破案有幫助，而這一次，他們說我可以帶一名研究生

過去。我帶了瑪麗安妮・爾利（Marianne Early），她在攻讀昆蟲學的碩士學位，課程已來到最後階段，她的研究主題是歐胡島各處豬屍和貓屍的分解作用。截至當時為止，我在法醫眼裡都是個獨來獨往的怪咖；這下子又多了一個。

昆蟲補足了屍體組織所缺乏的部分。瑪麗安妮和我採集了每一種我們在屍體上找到的昆蟲樣本，包括所有不同的種類及各個發育階段的昆蟲在內，然後拿回夏威夷大學馬諾阿分校（University of Hawaii at Manoa）的實驗室鑑定和分析。最明顯可見、數量最多的是鰹節蟲（hide beetle）和蛆蟲（亦即蒼蠅的幼蟲）。屍體上的蛆蟲有3個種類，分布在不同的部位，發育階段各不相同。我把每一種再細分成兩組，測量其中一組每隻蛆蟲的長度，並以平均長度為標準判斷牠們的發育階段。接下來，我用酒精保存這一組蛆蟲，並將另一組蛆蟲放進飼養箱，讓牠們完全發育到成蟲的階段。

由於多數的蛆蟲看起來都很像，所以往往要到牠們羽化為成蠅才分得清種類，而成蠅彼此間的差異就滿明顯了。瑪麗安妮和我從屍體背部殘存的肉上採集了一些相對大隻的蛆蟲。從牠們的口器和呼吸孔（或稱「氣門」，位於蟲體的末端），我看得出來牠們是麻蠅（sarcophagid〔flesh fly〕）的一種，屬於麻蠅科（Sarcophagidae）[1]，但除非等到蛆蟲完全發育為成蠅，否則我無法

1　譯注：麻蠅亦稱為肉蠅。

鎧氏酪蠅（*Piophila casei*）的蛆

判別種類。屍體背部還有另一種稍微小一點的蛆蟲。接下來兩週，我們將蛆蟲養大，直到能分辨出牠們是麗蠅（blow fly）的一種，亦即麗蠅科（Calliphoridae）底下的銅綠蠅（*Phaenicia cuprina*）[2]。第三種則是較小型的蒼蠅，屬於酪蠅科（Piophilidae），這類蒼蠅普遍被稱之為酪蠅（cheese skipper），乃因牠們愛吃貯存食品，尤其是乳酪。酪蠅在蟲蛹裡羽化為成蠅，而在進入蛹期之前，酪蠅的蛆蟲會用一種獨特的方式移動身體，離開牠們的食物來源。牠們會把身體往後弓起來，用口鉤抓住自己的肛突（〔anal papillae〕亦即從肛門一帶突出來的肉球），接著身體肌肉收縮，口鉤放開肛突，把自己彈到半空中，這個動作稱之為騰空（popping）。一旦安全離開屍體或其他食物來源，蛆蟲就進入蛹期。

　　除了蛆蟲之外，我們也採集了另一種食屍蒼蠅存在的證據：在暴露出來的肋骨上和裙褶間都有紅顏金蠅（*Chrysomya rufifacies*）的空蛹；紅顏金蠅亦是麗蠅的一種。我們也在屍體上找到兩種

2　譯注：銅綠蠅學名舊稱 *Phaenicia cuprina*、現稱 *Lucilia cuprina*，本書所附學名仍按作者寫法。

甲蟲。一是鰹節蟲科（Dermestidae）的鰹節蟲（hide beetle），屍體
上既有成蟲也有幼蟲。這些甲蟲通常以動物屍體上乾掉的皮膚
為食，但牠們也吃其他乾燥、高蛋白質的貯存食品。第二種甲
蟲是郭公蟲科（Cleridae）的赤足郭公蟲（Necrobia rufipes），屍體上
只有少許此一種類的成蟲。

　　本案於1984年進行調查，到了此時，我已開始嘗試用電腦
計算死後間隔時間（postmortem interval，簡稱PMI），亦即從死亡
到屍體被發現之間過了多久的時間。我用我和一名研究生做的
腐化研究得來的數據，研發出一套電腦程式。這是我首次將這
套程式用於實際的犯罪案件。輸入所有數據之後，我悻悻然地
看著電腦跑出一個完全不合理的分析結果。結果顯示要嘛沒有
這種屍體存在，要嘛就是我輸入了兩具不同屍體的數據。儘管
這個結果令人無所適從，但這次測試卻算是一次成功的測試。
電腦程式確實檢測出資料有問題，只不過它沒有能力解決。我
只是拿現成的應用軟體做了一些修改，並且只允許非此即彼的
選項。如此產生出來的電腦程式，無法解決這一具屍體上發現
的昆蟲所呈現出來的問題：麻蠅的蛆和紅顏金蠅的空蛹不應該
同時存在於同一具屍體上。在腐化過程的早期，兩種昆蟲通常
皆以幼蟲的形式出現。在我所用的軟體程式中，既有的數據庫
沒有麻蠅蛆蟲和紅顏金蠅空蛹同時存在的資料。再訪案發現場
正合所需。傍晚我就和一名探員及法醫共乘一輛警車，前往頂
級啤酒廠廠區的排水溝。

在現場，我們發現受害者的朋友立了一個木頭十字架來紀念她。比對現場的照片，我找到屍體橫在排水溝上的確切位置。移開排水溝表面的枝葉以後，我發現底下的水大約有5吋深，水面有一些麻蠅的蛆在動來動去。這就是電腦解不開的謎底了。蛆蟲只以柔軟、濕潤的肉為食。隨著組織喪失水分，蛆蟲要吃這些肉就變得愈來愈困難，直到再也不能把屍體當成食物來源為止。由於受害者的背部有一部分泡在水裡，麻蠅的蛆就能繼續以屍體為食，比起在乾燥的情況下持續得更久。仔細檢查棄屍地點周遭的土壤之後，我發現一些麗蠅的蛹，跟驗屍過程中採集到的蛹是同一種。我也採集了一些螞蟻和掠食性的甲蟲，這些甲蟲屬於隱翅蟲科（Staphylinidae）和閻魔蟲科（Histeridae）。

紅顏金蠅這種麗蠅的成蠅可以在短時間內找到曝屍，速度快得不得了。在夏威夷，用來測試用的屍體暴露在外不到10分鐘，我就發現牠們的蹤影了。一般通常是這種麗蠅的成蠅飛到屍體上，暫時以血液和來自屍體自然孔竅或傷口的分泌物為食。接下來，雌蠅在屍體的孔竅或屍體下方陰暗的區域產卵。法醫昆蟲學家就用從產卵開始的生物時鐘[3]估算死後間隔時間。以紅顏金蠅來說，成年雌蠅抵達屍體後很快就會開始產卵。而且，依夏威夷的情況，從人死亡後，牠們會持續產卵約6天之久。夏末至初秋，在歐胡島的低窪地區，從卵、蛆、蛹到最後的成

3　審訂注：作者這裡所說的，是指昆蟲的發育時間（發育時鐘）。

蠅，完成整個發育過程通常需要11天。由於這種蒼蠅在屍體上
留下的唯一證據是空蛹，亦即在蒼蠅成年後拋棄的蛹，所以我
很確定在屍體被發現之前，所有在這具屍體上長大的紅顏金蠅
蛆蟲都已發育完全。也因此，受害者死後至少過了17天：6天
下蛋，接著是11天的生長發育。

　　酪蠅的蛆還在發育階段的初期，但在夏威夷，我發現這種
蒼蠅一般要到人死亡幾天之後才會侵襲屍體。我從這具屍體上
採集到的樣本，和我從實驗用的動物屍體在戶外腐化19天後採
集到的樣本一樣。

　　鰹節蟲也為死亡時間的估算提供了寶貴的線索。這些經我
鑑定為白腹鰹節蟲（ *Dermestes maculatus* ）的甲蟲不吃濕潤的組織，
唯有在遺體開始脫水變乾時，牠們才會被吸引過來。在歐胡島
的低窪棲地上，牠們會在屍體開始腐化後8到11天之間抵達。
而我從這具屍體上採集到的白腹鰹節蟲幼蟲尺寸，相當於我在
腐化實驗中第19天收集到的幼蟲。包括閻魔蟲科和隱翅蟲科
的甲蟲在內，其餘我從土壤中採集到的種類符合死後間隔時間
19至20天的現象，但並未提供更精確的資訊。

　　考量所有數據，並對麻蠅蛆蟲存在之謎有了滿意的答案以
後，我研判最有可能的死後間隔時間至少是19天。這就是我正
式提報給法醫查爾斯‧歐登（Charles Odom）的估算結果。

　　警方及時找到犯罪嫌疑人，亦即受害者生前最後和她在一
起的那名男性。1985年4月，我首度在大陪審團程序[3]中為昆蟲

證據出庭作證。1985年9月下旬，我在檀香山第一巡迴上訴法院（First Circuit Court）的謀殺案審判中，為可能的死亡時間作證。

犯罪嫌疑人獲判二級謀殺罪，而頭號目擊證人為蒼蠅。從那之後，我就成為檀香山腐屍調查案的固定班底了。

4　譯注：大陪審團程序（grand jury proceeding）為美國現行刑事訴訟程序之一環，用以檢驗檢察官所提出之證據和證人，判斷嫌犯是否有足夠的罪嫌，並決定是否起訴嫌犯。

1 源起
Beginnings

任何參與刑事調查的人，很快就會意識到屍體和蛆蟲之間的關聯。在大自然的回收工作中，昆蟲是領銜主角。而對自然界來說，屍體純粹就是有待回收的有機物質。放著不管的話，大自然很快就會派出各式各樣的生物去占領屍體。這些生物各盡其力，將屍體化為基本的元素。「蟲蟲」很快就會出現，牠們從各個孔竅爬出來。直到我撰寫本書之時，多數刑事調查員都只是將這些昆蟲視為屍體腐敗的跡象，必須盡快清除或銷毀，而不是做為潛在的重要證據。所以，當其他法醫領域的學問（例如藥物學、法醫病理學、血跡型態分析和彈道學）被當成辦案工具，於19世紀末期開始發展時，法醫昆蟲學還是很少被運用到

刑事調查上。

然而，將昆蟲證據用於犯罪調查不是什麼新鮮事，至少早在13世紀就已有某種形式的法醫昆蟲學。西元1235年，中國刑官宋慈寫了一本名叫《洗冤集錄》的書，於1981年由B・E・麥肯奈特（B. E. McKnight）翻譯成英文。宋慈提到在中國某個村莊裡的一起謀殺案，受害者身中多刀，當地判官認為傷口有可能是鐮刀造成的。反覆訊問目擊者都徒勞無功，其他的調查管道也一無所獲。判官最後把村民全都集合起來，並讓每個人帶上自己的鐮刀。在夏日的艷陽下，蒼蠅受到其中一把鐮刀的吸引，因為刀鋒和刀柄仍有殘留的血跡和組織碎屑。證據擺在眼前，鐮刀的主人坦承犯案。判官的做法顯示他熟知蒼蠅的活動模式，而這些蒼蠅無疑就是麗蠅。的確，在本書的其他篇章，宋慈談到了麗蠅在人體自然孔竅和傷口的活動，並說明蛆蟲和成蠅之間的關係，以及牠們侵襲屍體的時機。

要到幾世紀後，在1668年，西方世界才發現蒼蠅卵和蛆蟲之間的關聯。在那之前，世人並不明白蛆蟲是從蒼蠅在曝屍或腐肉上產的卵孵出來的。弗朗切斯科・雷迪[1]針對暴露在蒼蠅侵襲下和隔絕蒼蠅接觸的肉做研究，結果帶來了重大的發現。他觀察暴露在外的肉，發現有大量蒼蠅滋生，從而揭開蒼蠅產卵和蛆蟲之間的關係，並推翻了自生論（spontaneous generation）的

1　譯注：弗朗切斯科・雷迪（Francesco Redi, 1626-1697），義大利生物學家，被譽為寄生蟲學之父。

概念。在雷迪之前，世人相信蛆蟲是從腐肉當中自然產生，而不是從蒼蠅卵孵化出來的。如果我在夏威夷大學馬諾阿分校的通話紀錄可以當作參考的指標，那麼現在還是有很多人以為蛆是一種和蒼蠅無關的蟲。有個人甚至跟我說，蛆一般都棲居在「人體內」，我們死了之後，牠們才會跑出來。

可惜雷迪的發現並未立刻被當成昆蟲證據用於命案調查。西方最早將昆蟲用於刑事鑑識的紀錄是在1855年。巴黎郊外一棟房屋整修時，壁爐後面發現了一具嬰兒的乾屍。矛頭很快指向當時住在這棟屋子裡的一對年輕夫妻。來自法國汝拉省（Jura）的貝莒黑・達博阿醫生（Dr. Bergeret d'Arbois）驗屍後，推斷這名嬰兒死於1848年。他指出在第一年（1848）有加那利麻蠅（*Sarcophaga canaria*）[2] 侵襲屍體的證據，次年（1849）則有蟎蟲（mite）在乾屍上產卵的證據。昆蟲證據的分析顯示，命案早在1855年前就已發生。貝莒黑合理懷疑，犯罪嫌疑人是1848年住在這棟屋子裡的人。警方對他的分析結果很滿意，兩名犯罪嫌疑人隨後遭到逮捕，並獲判謀殺罪。本質上，貝莒黑・達博阿所用的方法，和現今法醫昆蟲學家估算死後經過時間的方法一樣。他判別不同種類的昆蟲相繼侵襲屍體的模式，並據此做出推論。他也看到了各種嗜腐肉昆蟲生命週期的重要性。但儘管他根據的假設是正確的，他卻錯解了一些相關昆蟲的生命週期。在現

2　譯注：此一種類無既定譯名，在此依其學名翻譯。

代法庭中，他的結論有可能無法通過檢驗。

○　○　○

　　照理說，法醫昆蟲學應該繼續穩定發展，以先前的研究為基礎衍生出新的發現。但這門學問的進展卻是參差不齊、七零八落，通常是有命案發生再進行相關的研究。一旦宣告破案，相關的研究往往就終止了。這當中有一些例外，尤其是尚‧皮耶‧梅寧[3]在法國的研究。19世紀末，他發表了一系列法醫昆蟲學的研究報告，喚醒了醫界和法律界對於昆蟲證據的重視。在這些研究報告中，最重要的可能要屬1894年發表的《法醫昆蟲學屍體動物誌》（*La faune des cadavres: Application l'entomologie a la medicine legale*）。梅寧的核心論點是：死後間隔時間可透過分析腐屍上的各種節肢動物來判定，無論牠們的年齡為何。節肢動物指的是身體一節一節的無脊椎動物，有兩排對稱的腳，各隻腳以關節相連，例如昆蟲、蟎蟲和蜘蛛。當今的法醫昆蟲學家認可此一原則，但在判定死後間隔時間時，通常也會將每個種類的年齡考量進去。

　　1930年代中期，在一樁慘無人道的分屍案中，昆蟲證據受到了世人的矚目。札克‧爾金克萊古魯[4]最近才將這起案件

3　編注：尚‧皮耶‧梅寧（Jean-Pierre Mégnin, 1828-1905），法國昆蟲學家。

寫進《新科學人》(*New Scientist*) 雜誌。1935年9月29日,蘇格蘭一名女性從橫跨一條小溪的橋上望出去時,發現一截人類的手臂。最終警方在此區找到70幾塊嚴重腐爛的殘骸,分屬兩具屍體所有。從那之後,這一區就有「魔鬼的牛肉盆」(Devil's Beef Tub)之稱。重新拼湊起來的殘骸經過辨識,確認身分為伊莎貝拉·羅克斯頓 (Isabella Ruxton) 及其私人女僕瑪麗·羅傑森 (Mary Rogerson)。伊莎貝拉·羅克斯頓是當地醫生巴克·羅克斯頓 (Buck Ruxton) 的太太,生前最後一次被人看到是在9月14日。現場採集到的證據包括一群在腐爛屍塊上取食的蛆蟲。蛆蟲被送到愛丁堡大學 (University of Edinburgh) 的實驗室,經A·G·米恩斯[5]研判為紅頭麗蠅 (*Calliphora vicina*) 的蛆,並估計採集時牠們的年齡為12至14天大。由於這些蛆是從附近的成蠅在屍體上產下的卵孵化而來,所以屍體棄置在溪邊的時間不到12至14天。從受害者死亡到四分五裂的屍塊被發現,最短的時間間隔就是12至14天。巴克·羅克斯頓基於幾項理由受到懷疑,而透過昆蟲估算出的死亡時間就變得至關重要。兩名死者遭到肢解的手法高超,所以有關單位相信凶手熟悉人體構造。9月16日,

4 譯注:札克·爾金克萊古魯 (Zak Erzinçlioglu, 1951–2002),享譽國際的英籍法醫昆蟲學家,協助偵破兩百多起謀殺案,曾獲英國犯罪作家協會銀匕首獎 (Silver Dagger Award)。

5 譯注:A·G·米恩斯 (A. G. Mearns, 1903–1968),蘇格蘭醫生及公共衛生專家,為利用昆蟲活動研判死亡時間之先驅。

有人看到羅克斯頓醫生的手指帶傷。此外，其中一顆被砍下的頭顱以衣物包裹，該件衣物為羅克斯頓的其中一個孩子所有。清潔婦向警方表示，9月17日當天，羅克斯頓的住宅有血跡和異味。所有證據都顯示羅克斯頓醫生是凶手，昆蟲則發揮了指出死亡時間的作用。儘管他始終不認罪，巴克・羅克斯頓仍獲判兩項謀殺罪，並處以絞刑。

芬蘭昆蟲學家沛卡・諾妥瓦（Pekka Nuorteva）對法醫昆蟲學有重要的貢獻。他所經手的案件主要是謀殺案，但在1977年的一個案件，他處理的卻是政府辦公室的清潔紛爭。那年夏天，芬蘭政府的一名官員在靠近他辦公室門口的地毯下，注意到有很多大隻的蛆蟲。這名官員叫來清潔工，問她多久清一次地毯。清潔工說她每天都清，而且前一天晚上才打掃過他的辦公室。這名官員不相信一夜之間就能長出超過一公分長的蛆，清潔工便因為說謊和未能善盡職責遭到開除。出於好奇，官員請了一位獸醫來看這些蛆和那塊地毯。獸醫不相信蛆蟲吃地毯的合成纖維就能長大，所以他採集了一些幼蟲交給諾妥瓦詢問他的看法。這些幼蟲是絲光綠蠅（*Phaenicia sericata*）[6]這種麗蠅的蛆，處於後食期的階段。在這個發育階段，麗蠅的蛆停止進食，離開食物來源去化蛹。諾妥瓦推斷，這些幼蟲可能是在那棟大樓裡的老鼠屍體或儲藏不當的食物上發育，絕對不是吃人造地毯長大的。那天夜裡，牠們從食物來源遷移到地毯上。得知此事之後，官員又重新僱用那名清潔工。不過，倒是沒有留下任何道

歉紀錄。

o o o

在美國，伊利諾大學芝加哥分校（University of Illinois at Chicago）的柏納德・葛林堡（Bernard Greenberg）是公認的法醫昆蟲學之父。他最初是在堪薩斯大學（University of Kansas）攻讀蟎蜱學（acarology），亦即研究蟎蟲和蜱蟲的學科。但在拿到碩士學位以後，葛林堡轉而研究起麗蠅科的昆蟲，如今他已成為國際上的麗蠅科權威。這些年來，他既是富有革新精神的學者，也是許多研究生的指導老師。他對生物學和麗蠅生命週期的研究，為法醫的工作提供了可靠的基礎。而且，有許多年的時間，他基本上是美國唯一一位專門的法醫昆蟲學家，將他的研究主力都投入在法醫昆蟲學領域的重要議題上。

1960 年代中期，北卡羅萊納州（North Carolina）有一位名叫傑瑞・沛恩（Jerry Payne）的研究生，開始為另一個現代分析法立下基石，他研究的是「演替」（succession；或稱消長）的現象。簡單來說，演替的概念就是當個別生物或生物群以一具屍體為食，這具屍體就被改變了。這種改變又讓這具屍體引來另一群生物，這一群生物又為下一群改變了這具屍體。如此這般演替

6　譯注：絲光綠蠅學名舊稱 *Phaenicia sericata*，現稱 *Lucilia sericata*，本書所附學名仍按作者寫法。

下去，直到屍體化為白骨。這是一個有規則可循的過程，不同的生物群會在不同的時間點占領腐化中的屍體。1965年，傑瑞‧沛恩在《生態學》(Ecology)期刊上發表的研究報告是一座劃時代的里程碑，報告中詳述豬屍在腐化過程中的變化，並以暴露在昆蟲侵襲下和隔絕昆蟲活動的豬屍兩相對照。他的研究是以將近70年前梅寧在法國進行的研究為基礎，並重新定義了梅寧的研究結果。梅寧判定屍體的腐化有9個階段，但沛恩判定只有6個階段，目前多數法醫昆蟲學家採納的就是他這套系統。沛恩又進一步指出腐化過程涉及的生物種類繁多，他記錄了5百多個物種。沛恩也進行了其他實驗，包括對浸水腐屍的研究在內。

　　儘管在沛恩之前也有人研究腐化現象，他的研究卻最受矚目，一方面可能是因為他研究得很徹底，另方面也因為《生態學》期刊的地位。其他發表在地方期刊的腐化研究報告，即使相當出色，也並未受到應有的廣泛注意，例如小H‧B‧李德（H. B. Reed, Jr.）研究了狗屍的腐化所涉及的昆蟲，以及G‧F‧波拿密索（G. F. Bornemisssza）研究了天竺鼠的腐化作用對棲居在土壤中的節肢動物有何影響。

　　1950年代以降，陸續有一些傑出的生物研究和演替研究成果發表出來，但它們都沒有將昆蟲的破案潛力納入考量。這些研究往往是由研究生執行，重點通常放在農業或公共衛生的問題上。1950及1960年代，遭到原子彈攻擊的可能後果備受關注：在一個欠缺核戰應變措施的社會上，要怎麼處理數百萬具

屍體堆積如山的公共衛生問題？

　　昆蟲學家在著述中普遍忽視法醫學，與此同時，體質人類學家則將重點放在人體從死亡到白骨化之間發生的變化。他們體認到昆蟲在腐化過程中扮演重要的角色。一開始，這個主題只在有關昆蟲的附註和單獨個案的觀察分析中提到。但隨著威廉・巴斯於1981年在田納西大學成立人類學研究中心，學界開始進行人類遺體的對照研究。威廉・羅德里格斯和比爾・巴斯[7]在1980年代的研究，為昆蟲在曝屍和埋屍上的拓殖現象帶來了新的重大發現。

○　○　○

　　我是在1980年代早期開始投身法醫昆蟲學。在那之前，我一直從事蟎蜱學的研究。1977年，我從夏威夷大學馬諾阿分校拿到昆蟲學博士學位，緊接著就來到城裡另一頭，在7哩外的畢夏普博物館（Bernice Pauahi Bishop Museum）擔任計畫主持人，負責衛生研究院（National Institutes of Health，簡稱NIH）補助的巴布亞紐幾內亞的恙蟲（chigger）分類研究。我很訝異地發現，衛

7　譯注：比爾・巴斯（Bill Bass）即威廉・巴斯（William Bass），美國知名法醫人類學家。他在田納西大學（University of Tennessee）成立的人類學研究中心（Anthropological Research Facility）俗稱「屍體農場」（Body Farm）。威廉・羅德里格斯（William Rodriguez）為比爾・巴斯的學生。

生研究院的補助金所支付的酬勞竟然比我當研究生領的薪水還低。為了增加收入，我做了一連串的兼差工作，從零星的昆蟲學專業諮詢到禮品與珠寶批發展場的保全，不一而足。

衛生研究院的補助有一個好處，就是有參加美國昆蟲學會（Entomological Society of America）年度會議的津貼。1981年12月，昆蟲學會的年會在聖地牙哥的城鎮鄉村飯店（Town and Country Hotel）舉行。由於我的預算有限，我只能去住另一間旅館。這間旅館和開會的主要場地隔著8線道的高速公路，外加3道護欄。意思是我要嘛得繞路，避開車來車往的高速公路，走兩哩路去開會；或者得在高速行駛的車陣中閃來閃去，穿越8線道的馬路到對面。我選擇走兩哩路。結果我一大清早就去開會，三更半夜才回到我下榻的旅館。這種安排導致我出席了幾場一般來說我會跳過的講座，其中一場是路易斯安那州立大學（Louisiana State University）的拉瑪‧米克（Lamar Meek）排在一早的講座。

米克談到他正在進行的腐化研究，最後以一起謀殺案調查的討論作結。講座的第一段，他播放了腐爛豬屍的投影片，接著轉而播放人類遺骸的投影片。隨著投影片一張張播放下去，我開始覺得自己或許能在這個領域求發展。我已經拿到昆蟲學博士的學位，而且我在美軍服役期間有處理屍體的第一手經驗。拿到動物學學士兩個月之後，我就被徵召入伍。服役兩年期間，我多半都在加州奧德堡（Fort Ord）美軍醫院的太平間度過，但我也去馬里蘭州埃奇伍德兵工廠（Edgewood Arsenal）的化學、生

物和放射性武器單位出過兩次任務。在那裡，我是鎮暴瓦斯的
人體實驗對象。那不是我人生中最愉快的一段歲月，然而，這
些經驗加起來，我對人體構造有了比正規課堂上更多的實務知
識。簡而言之，到了1981年，我對昆蟲有一些研究，並對自己
處理死屍的能力頗有自信。更重要的是，比起指導農夫如何防
止葉蟎損害番茄，法醫昆蟲學似乎是更為有趣的一條出路。

　　從聖地牙哥回到檀香山之後，我開始蒐集相關的背景資料，
查詢其他從事該領域的人物大名。在昆蟲學的文獻中，專門針
對法醫昆蟲學的研究資料不多。我把多數古老的文獻和少數近
期的報告都找了出來，但我很快就體認到，如果我真想專攻此
一領域，那我就必須和以前不曾合作過的人打交道。由於以往
我和警方打交道的經驗僅限於收下交通罰單，所以我決定從法
醫那裡下手。

　　當時檀香山的法醫是查爾斯・歐登，他請了一位特別勤快
的祕書來過濾他的電話。有兩個月的時間，每次我致電歐登，
他都出差去了。最後我終於聯絡上他，並說服他和我見一面。
我們在夏威夷大學馬諾阿分校附近的楊柳餐廳（Willows Restau-
rant）共進午餐。到那一餐飯的尾聲，我們都覺得如果咱倆可以
邊吃咖哩飯邊聊蛆蟲和腐屍，那麼我們應該可以和彼此共事。

　　我很快就發現，同意合作是一回事，實際上真要開始合作
又是另一回事。首先，無論《檀島警騎2.0》（*Hawaii Five-O*）和《夏
威夷之虎》（*Magnum, P.I.*）之類的深夜熱門電視影集給人什麼印

象，比起美國其他49個州，夏威夷的命案發生率極低。而我參與的鑑識工作絕大多數都是在歐胡島進行，由於島上面積相對很小，也由於地形和濕熱的氣候不利於長期隱藏屍體，所以受害者的屍體通常很快就會被發現。有鑑於此，檀香山市郡的刑事調查很少涉及長時間腐爛的屍體。也所以，至少在一開始，除非我聽說或從報上得知某個命案有嚴重腐爛的屍體，自己主動聯絡法醫辦公室，否則案件的調查就沒有我的份。

除了這一重障礙以外，我也出乎意料地遭到畢夏普博物館的反對。他們覺得我可能會害博物館登上負面報導，導致博物館形象不佳；而我跑去出庭作證，搞不好還會害博物館扯上官司。在我看來，這兩種顧慮都很令人費解——協助偵破刑案怎麼會落得「形象不佳」呢？就在我設法克服阻力之時，夏威夷大學馬諾阿分校昆蟲學系冒出一個職缺，我的問題迎刃而解。

熱帶農業與人力資源學院（The College of Tropical Agriculture and Human Resources）似乎是做法醫研究的好地方。該職位需要我教授蟎蜱學、醫學昆蟲學以及獸醫昆蟲學（關於昆蟲和其他節肢動物如何導致及傳播人類和動物的疾病），並協助夏威夷州農業界的病蟲害防治。我的教學資格綽綽有餘，但學校當時對「農業」的定義，似乎僅限於「農夫種植食用作物的活動」。所以，我暗自重新定義「農業」和「人力資源」這兩個概念，並接受了那個職位。這個新職位有幾項好處，首先就是經濟和專業上的穩定度——計畫補助金和伴隨而來的工作，在很短的時間

內就會到期，所以博物館那份工作不是那麼穩定。更有甚者，比起私立博物館，公立大學提供給我的硬體設備對警方和法醫而言都更為理想。而意料之外的一個好處，則是有研究生能協助進行研究計畫。不管在哪一間大學、哪一個系所，總有一些學生願意探索非比尋常的新領域。這些年來，我的計畫吸引到的學生超乎所求，而他們所做的事總是貢獻良多。

　　大約在同一時間，另有幾位昆蟲學家和寄生蟲學家開始探索法醫昆蟲學。其中有些先前就曾為犯罪案件提供諮詢，例如保羅・凱茲（Paul Catts）；有些則花較多時間在考察腐化作用的生態面，例如偉恩・洛德（Wayne Lord）。我自己還在摸索這個領域。在同行之中，只有柏納德・葛林堡是持續從事法醫昆蟲學研究的學者。

　　接下來幾年，在美國昆蟲學會的年會上，我們開始物以類聚。1984年在聖安東尼奧舉辦的年會，我們首度集合在一起。拉瑪・米克籌辦了一場法醫昆蟲學的研討會，那天早上的會議之後，我們決定一起去吃午餐。這次餐敘後來變成一個傳統。一開始，我們聚在一起共進午餐，但很快就改成共進早餐。席間我們創立了一個非正式的社團，團名叫做CAFE。理論上，CAFE代表的是Council of American Forensic Entomologists（美國法醫昆蟲協會），但實際上，它的意思是我們在各個café（咖啡館）碰頭。雖然通常都由保羅・凱茲負責訂位，但這個社團不是什麼正式的組織。加入會員的唯一標準，就是你要能早起吃早餐，

並且邊吃邊看腐屍的照片。社團成立之初，保羅・凱茲就開始
戲稱我們這群人為「噁爛一族」，後來這個綽號就一直跟著我們。

　　年復一年，這個組織日漸龐大，在美國和加拿大法醫昆蟲
學界固定參與的會員約有15人。這個非正式的組織為我們的
研究提供了彼此交流和打氣的管道。本書後續將談到的許多方
法，都是社團成員們互動之下的結果。經過12年之後，我們終
於在1996年成立了一個正式的組織——美國法醫昆蟲學委員會
（American Board of Forensic Entomology，簡稱ABFE）。

2 | 屍體上的小蟲

The Bugs on the Body

就某些方面來說，腐屍就像一座剛從海裡冒出來的荒涼火山島。
遺世獨立的火山島是一個資源，有待各種動植物來拓殖。植物
率先搶灘，登陸後便開始改變這座島嶼，讓它成為後來者的棲
地。同理，每一具屍體也是一個資源，個別屍體通常被單獨棄
置在不同的棲地上，例如原野、池塘和樹林。然而，和一座島
嶼不同，腐屍只是一個暫時的微棲地（microhabitat）。對各式各
樣的生物而言，它是一個變得很快也消失得很快的食物來源。
這些生物從微小的細菌、真菌到大型的食腐脊椎動物不等，後
者如野貓野狗。當然，有些生物存在於活體當中，例如腸道細
菌，但入侵並消耗屍體的生物自成一個獨特的群體。如同島嶼

一般，屍體也有明確的邊界，所有的改變都在屍體上或屍體近
處發生。

絕大多數的食腐動物都是節肢動物，而在腐屍上找到的節
肢動物當中，就個體數量、生物量（即個體的總重）和多樣性
（即不同種類的數量）而言，昆蟲都是最大的一群。平均來講，
在腐化研究報告中出現的生物種類，約有85%是昆蟲。

昆蟲及其他節肢動物以許多方式與屍體產生關聯，但法醫
昆蟲學家認為，動物和屍體間的直接關係有4種主要的類型。
根據這4種類型，食腐動物又可分為4大類。第一類是屍食性昆
蟲，牠們直接以屍體為食物，主要成員是蒼蠅（雙翅目〔Diptera〕）
和甲蟲（鞘翅目〔Coleoptera〕）。蒼蠅有賴腐化的物質維生，尤其
是麗蠅和麻蠅。這些蒼蠅如饑似渴地尋覓人類和動物的遺體，
往往在生物死後幾分鐘內便聞風而至。在剛開始腐化的頭兩個
星期，麗蠅和麻蠅通常是死後間隔時間最準確的指標。許多甲
蟲較不是那麼仰賴腐化物質維生，但牠們在稍後的腐化過程中
也會跑來分一杯羹，通常是在屍體已經開始變乾之後。

隨著直接以屍體為食的物種數量增加，牠們又引來另一群
節肢動物，這群節肢動物是屍食性昆蟲的掠食者和寄生蟲，牠
們不是受到屍體的吸引，而是受到已經在屍體上大吃大喝的昆
蟲吸引。在這群節肢動物中，率先抵達的是埋葬蟲科（Silphidae）
的埋葬蟲（burying beetle）、隱翅蟲科（Staphylinidae）的隱翅蟲（rove
beetle），以及閻魔蟲科（Histeridae）的閻魔蟲（hister beetle）。牠們

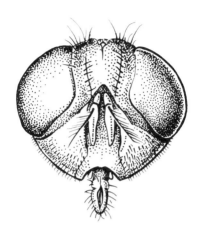

麗蠅科大頭金蠅雌蠅的頭部細節

都是以屍體上的蒼蠅卵和蛆蟲為食物。有些蒼蠅在幼蟲的階段也會成為掠食者，例如水虻科（Stratiomyidae）的水虻（soldier fly）。

　　有些種類的昆蟲既吃屍體，也吃其他昆蟲，前面提過的紅顏金蠅就是其中之一。紅顏金蠅這種麗蠅廣泛分布在全亞洲和太平洋諸島，近來也出現在中美洲、南美洲和美國南部。牠們是在夏威夷的死屍上最常見的一種麗蠅，往往在生物死後10分鐘內抵達。另一種麗蠅是同一屬[1]的大頭金蠅（*Chrysomya mega-cephala*），也是幾乎在死者死後立刻抵達。兩個種類的雌蠅都降落在屍體上，吸吮血液或其他可當食物的液體，接著開始在人體

1　譯注：紅顏金蠅和大頭金蠅皆為麗蠅科金蠅屬（*Chrysomya*）的昆蟲。

自然的空腔裡面或周邊產卵。我在野外觀察到，如果紅顏金蠅在大頭金蠅之前抵達，紅顏金蠅就會延後產卵，等到大頭金蠅抵達為止。牠們可不是顧及禮貌。大頭金蠅只能吃腐化的屍體，但如果食物來源枯竭，紅顏金蠅會改變生活模式，變成其他昆蟲的掠食者，即使牠們比較喜歡以腐屍為食。而紅顏金蠅最愛的一種獵物，似乎就是大頭金蠅。在夏威夷典型的情況下，腐化過程中常會發現屍體上只剩紅顏金蠅的蛆蟲。

　　與屍食性昆蟲有關的寄生蟲，主要以膜翅目（Hymenoptera）為代表。膜翅目的昆蟲包括螞蟻、蜜蜂和寄生蜂。有許多非常小的寄生蜂（身長往往不到一公釐）都會寄生在蠅蛆和蠅蛹上，這些迷你寄生蜂會在蛆或蛹的內部或外部產卵。牠們的卵孵出幼蟲，幼蟲又以發育中的蒼蠅為食物。這些寄生蟲的卵往往會產生不止一隻成蜂（數量依寄生蜂的種類而定）。在單單一隻被寄生的蛆身上，或在單單一顆被寄生的蛹中，有可能冒出多達數百隻的寄生蜂。就牠們對法醫昆蟲學家的重要性而言，由於這些寄生蜂往往專攻某一類型的蒼蠅，所以即使在蒼蠅完成發育、離開屍體，這些寄生蜂也能提供線索，讓我們知道有哪些蒼蠅曾經待在這具屍體上。

　　第三類和死屍有關的動物，像是胡蜂、螞蟻和某些甲蟲，既吃屍體也吃其他節肢動物。和紅顏金蠅不同，這些種類屬於雜食性動物，牠們持續食用肉類和植物類兩種類型的食物。1985年，在夏威夷鑽石頭山（Diamond Head Crater）進行的腐化

研究中，我在實驗用的屍體上觀察到一些侵略性很強的熱帶火蟻（*Solenopsis geminata*），牠們將屍體上的蛆蟲大量移除。被移除的蛆蟲數量之多，甚至導致屍體腐化速度變慢。成年胡蜂在腐化初期的屍體周邊特別活躍。牠們吃成年蒼蠅，蒼蠅往往還在半空中就被牠們捉來吃掉。牠們也吃來自屍體的液體。我在夏威夷島上進行的某些研究中，玻里尼西亞切方頭泥蜂（*Ectemnius polynesialis*）[2]這種在夏威夷演化出來的胡蜂種類，捕食蒼蠅的速度之快，腐化作用會因牠們的活動延遲一天以上才開始。

第四類與死屍有關的動物代表，是把牠們的正常棲地延伸到屍體上的節肢動物。在鑑識工作中，我見到這種節肢動物的頻率很高，包括聚集在屍體上和屍體周邊獵食的蜘蛛，牠們以現場的各種昆蟲為獵物，有時甚至會利用屍體的某個部位來結網。你會看到一張蜘蛛網連著一隻腐爛的手臂，在朝陽照耀下，蜘蛛網上的露珠閃閃發亮，畫面有點超現實的味道。隨著屍體腐化產生的液體會滲透到下方的土壤中，這個過程從腐化初期就開始了，一直持續到屍體完全變乾為止。這些液體為大量棲居在土壤中的生物提供養分，屍體下方的土壤中總有一群與腐化相關的獨特生物，往往到了死者死後幾年都還在那裡。在這些生物當中，最主要的是土棲的蟎蟲（蟎蜱亞綱〔Acari〕）、跳蟲（〔springtail〕彈尾目〔Collembola〕），以及線蟲或蛔蟲。

2　譯注：此種類無既定譯名，在此依其學名翻譯。

　　像是為了混淆視聽似的，屍體上可能也有和腐化作用無關的節肢動物。有些可能是從周遭的植物上掉落到屍體上，尤其如果凶手為了藏匿屍體而碰撞到樹叢。有些可能純粹因為屍體是個方便的落腳地點，就在飛行途中到此歇個腿。

o　o　o

　　解讀節肢動物在腐化過程中和屍體的各種互動，是法醫昆蟲學家的工作。我們要排除意外光臨的生物，為執法人員提供可用來破案及定罪的資料。如同你在3名釣客發現屍體的案例中看到的，昆蟲學家最重要、最基本的貢獻，通常在於判定死後間隔時間，亦即死後經過了多久的時間。但法醫昆蟲學家和他們所研究的昆蟲，也可能提供其他有助破案的珍貴訊息。昆蟲可透露一具屍體是否被搬動過的線索。在地表所有可以棲息的地方都能看到昆蟲的蹤影，但並非所有昆蟲都會出現在所有類型的棲地上。有些需要特定的氣候類型、植被型態、海拔高度或季節時令。在溫帶地區，如果春天時發現的屍體上有活躍於秋季的昆蟲，那就表示死者是在秋天時喪命。如果在郊區或鄉間的屍體上發現專門棲息在市區的昆蟲，調查人員差不多就可以確定棄屍現場不是犯罪現場；相反的，凶手可能是在都會地區犯案，犯案後把屍體丟棄到它最終被發現的地方。在夏威夷的案件，偶爾就會發生這種狀況。

　　其中一起諸如此類的案件發生在歐胡島，有人在一片甘蔗田裡發現一具女性腐屍。屍體上採集來的昆蟲絕大多數是島上到處都有的種類，但其中有一種蒼蠅的蛆蟲，在夏威夷通常只會在市區的腐屍上看到，那就是紅尾室蠅（*Synthesiomyia nudiseta*）。這些也是屍體上最成熟的蛆蟲。根據此一證據，我推斷該名女性是在市區遭到殺害，而且屍體在那裡暴露了一段時間，受到昆蟲侵襲之後才移置到這片甘蔗田。屍體上大部分蛆蟲的發育階段顯示，死者可能遭人棄置在被人發現的甘蔗田裡3天左右。但紅尾室蠅蛆蟲的發育階段則顯示，死後間隔時間落在5天的範圍內。受害者的身分確認之後，警方研判她是在檀香山的一處公寓裡，因毒品交易出狀況遭到殺害。凶手並非蓄意謀殺，案發後他們在公寓裡藏屍了兩天，考慮該如何棄屍。在這起案件中，昆蟲為死亡時間和犯案地點都提供了線索。

　　倘若屍體完整無缺，沒有開放性傷口或外出血的情形，那麼昆蟲對屍體的侵襲就有一定的模式可循。首先遭到侵襲的是人體自然的孔竅：眼睛、嘴巴、鼻子和耳朵，其次是肛門和生殖器，如果下體暴露在外的話。除此之外，血液或傷口提供了額外的入口和昆蟲活動的據點。比起死後造成的傷口（死後傷），死前造成的傷口（生前傷）或死時造成的傷口（臨死傷）對昆蟲更具吸引力，因為這些傷口會出血，而且往往是大量出血。死後由於心臟不再跳動，此時造成的傷口即使出血，出血量也很少，對昆蟲來說就沒那麼有吸引力。昆蟲的活動有可能

改變任何傷口的特性，但在腐化初期的屍體上，人體自然孔竅以外的地方如有昆蟲活動，鑑識人員就該有所警覺，因為那表示有生前傷或臨死傷的可能。

考量幾年前發生在田納西州的一起案件，一名年輕女性的屍體被發現時已嚴重腐化，當地的驗屍官無法判定死亡原因與死亡方式。然而，鑑識人員注意到，她的胸部和手掌遭到昆蟲侵襲的模式不太尋常。他們將案件轉給一位體質人類學家和一位昆蟲學家，兩位專家一致同意這種模式很反常，並表示應對屍體做更進一步的檢驗。屍體從墳墓裡重新挖掘出來，經過再次檢驗，遺骸揭露了肋骨和手骨遭到刀傷的證據。肋骨的部分符合胸部刺傷的特徵，手骨的部分則符合防禦傷的特徵——受害者在試圖抵抗攻擊者時手掌受傷。若是沒有昆蟲提供的證據，在這起案件中的死亡原因與死亡方式，可能就永遠沒有水落石出的一天。

昆蟲證據也有助於鎖定犯罪現場的犯罪嫌疑人。一名退休的聯邦調查局探員跟我提過，在德州一起罕見的案件中，女性死者的衣服裡有支離破碎的蚱蜢殘骸。一開始沒人注意這隻蚱蜢，儘管鑑識人員採集了牠的殘骸，並當成證據保存起來。警方過濾出幾名犯罪嫌疑人，把他們找來問話。時值1985年，當時男性重新流行起褲管反折的穿法。警方對犯罪嫌疑人搜身時，在一名犯罪嫌疑人反折起來的褲管裡發現了一隻蚱蜢的左後腿。屍體上的蚱蜢殘骸拼湊起來只缺這個部分，而且斷裂的

模式兩相吻合。儘管辯護律師聲稱「蚱蜢的腿斷了都是那個樣子」，該名犯罪嫌疑人還是獲判謀殺罪。

在加州的一起性侵殺人案中，與節肢動物有關的專業知識發揮了重要的功能，協助警方鎖定犯罪現場的一名犯罪嫌疑人。1982年8月，一支搜救隊伍在千橡市（Thousand Oaks）郊外的一條泥土路旁，發現一具赤裸的24歲女性遺體。死者倒臥在一處緩坡上的大棵尤加利樹下，靠近一片平坦的野生燕麥田。屍體被斷枝和矮樹叢蓋住了一部分，顯然是凶手棄置在那裡的。該名女子的上衣綁在她的脖子上。由於屍體是在夜裡發現的，警方便將之留待隔天天亮，原封不動，以對犯罪現場進行有效搜索。儘管未移動屍體，文圖拉郡警局重案組（Ventura County Sheriff's Office Homicide Team）的一名警長仍對該區做了初步搜索，搜索行動從當晚10點進行到次日凌晨兩點。那天早上稍晚，該名警長注意到自己的腳踝、腰部和臀部有幾處紅腫發炎的咬傷，傷口讓他想起幾年前在肯塔基州服役時被恙蟲咬傷的情形。後來，他發現23名搜救隊員中有20人也有類似的咬傷。在加州南部鮮少看到恙蟲攻擊人類，所以這些叮咬很不尋常。驗屍結果顯示該名女子遭到勒斃，身上留有精液，確認了因性侵而萌生殺人動機的可能性。但在驗屍過程中，並未發現遭恙蟲咬傷的痕跡。

隨後，在檢視對犯罪嫌疑人脫衣搜身所拍攝的照片時，警長注意到其中一人的小腿、腰際和臀部有著和他類似的咬傷。

他認為自己和搜救隊員以及犯罪嫌疑人身上的咬傷，跟犯罪現場之間可能有什麼關聯。為了確認，他聯絡加州大學洛杉磯分校（University of California at Los Angeles）公共衛生學院，對方將他轉介給加州州立大學長堤分校（California State University, Long Beach）的恙蟲研究實驗室，實驗室的詹姆斯・韋伯博士（Dr. James Webb）同意協助調查。韋伯博士帶了幾名實驗室成員來到犯罪現場採集恙蟲。

恙蟲是恙蟎科（Trombiculidae）蟎蟲的幼蟲，這些蟎蟲有著異乎尋常的生命週期。恙蟲是吸食組織液的體外寄生蟲，以蜥蜴、嚙齒類、鳥類和人類等脊椎動物為宿主，牠們吸附到宿主身上，只吃一餐就脫離宿主，掉落到土裡完成發育。在人類身上，恙蟲叮咬會造成局部過敏反應，導致皮膚紅腫，症狀好發於貼近衣物的皮膚上，我聽說癢得要命（怪哉，我研究恙蟲超過25年，還不曾被咬過呢）。在隨後的發育階段（若蟎[3]期〔nymph〕和成蟎期），這些蟎蟲成為掠食者，吃小型土棲節肢動物和牠們的卵。就土壤酸鹼值、相對濕度和溫度而言，掠食階段的蟎蟲有相當特定的生存條件，所以分布範圍很有限。確實，有些蟎蟲習慣了在灌木底下的棲地，只是移到區區15呎外的草地上就活不下去。而牠們的下一代還會繼續待在同樣的棲地上，等待宿主出現。所以，犯罪嫌疑人身上有恙蟲咬傷，大有可能

3　譯注：一般而言，不完全變態昆蟲的生命史包含4個階段：卵期、若蟲期、亞成蟲期和成蟲期。

表示他曾出現在某個相當特定的地點。

　　採樣時，韋伯和他的團隊設下陷阱，捕捉犯罪現場一帶的
小型哺乳動物。除了採集蜥蜴、放置黑色的盤子（專門用來捉
恙蟲的裝置），他們自己也不小心成為恙蟲的誘餌。收集來的7
隻蜥蜴中，有6隻渾身都是貝式真恙蟎（*Eutrombicula belkini*）[4]。在
加州，貝式真恙蟎是出了名地愛攻擊人類。捕鼠器捉到了幾隻
沙漠林鼠、幾隻鹿鼠和一隻囊鼠，只有囊鼠和其中一隻沙漠林
鼠成為貝式真恙蟎的宿主。黑色的盤子也採集到同一種恙蟲。
採樣過程中，隊員觀察到恙蟲跑到他們的靴子上，其中一名倒
霉的隊員對恙蟲別具吸引力，總共被咬了43下。而在犯罪現場
周邊的其他區域，採樣團隊並未採集到大量的恙蟲。

　　訊問過程中，犯罪嫌疑人說自己是在千橡市的姊姊家中被
跳蚤咬了。於是，採樣團隊到她家做了跟犯罪現場相同的採樣
和陷阱。房子位於千橡市的郊區，野草沿著車庫生長，院子裡
有精心栽種的草坪，整塊地側邊還種了一排夾竹桃。採樣團隊
沿著車庫和籬笆布置陷阱，並在草坪上放置黑色的盤子。他們
沒有捉到小型哺乳動物，並且只採集到一隻蜥蜴。這隻蜥蜴是
鱷蜥，體外完全沒有寄生蟲。黑子的盤子沒有捕獲任何恙蟲。
事實上，採樣團隊沒找到任何的恙蟲、跳蚤，或其他符合犯罪
嫌疑人身上叮咬痕跡的節肢動物。

4 譯注：此種類無既定譯名，在此依其學名翻譯。

在1982年10月的一場預審中，韋伯提交了昆蟲方面的發現。該名犯罪嫌疑人有性侵前科，但除了恙蟲之外，沒有什麼物證能證明他和這起案件的關聯。昆蟲被認為是充分的證據，犯罪嫌疑人因性侵和謀殺遭到起訴，並於1983年2月受審。根據警方的調查、驗屍報告和昆蟲證據，檢察官主張該名犯罪嫌疑人在現場強暴並殺害了那名女性，並在試圖以雜草掩蓋屍體時遭到恙蟲叮咬。被告承認，8月3日傍晚他和那名女性在一起，亦即她生前最後被人看到之時。但被告聲稱兩人分開時她還活著，而且他從沒去過屍體被發現的地點。辯護律師表示：那些咬傷可能是其他昆蟲所致，例如跳蚤。檢方則堅稱：被告身上的咬傷是典型的恙蟲咬傷，而且完全不符合跳蚤叮咬的特徵。檢方的說法是正確的。恙蟲叮咬的證據，再加上文圖拉郡貝式真恙蟎的分布範圍非常有限，實際上已經排除了犯罪嫌疑人在別處遭到叮咬的可能性。陪審團判定被告性侵罪與謀殺罪成立，處以無期徒刑，不得假釋。

3 | 三隻小豬
The Pigs' Tale

在夏威夷群島涉及屍體腐化作用的昆蟲，通常和伊利諾州、東南亞或歐洲侵襲屍體的昆蟲不一樣。有幾個種類可能在這些不同的地點都很常見，具有代表性的昆蟲類別也可能類似，但絕大多數的種類和生命週期因地而異。在熱帶以外的地區，屍體上的昆蟲也因季節而異。夏天，綠蠅屬（*Phaenicia*）[1] 的麗蠅往往是屍體的主要侵略者，但在秋天卻幾乎不見牠們的蹤影，改由別屬的麗蠅取而代之，例如麗蠅屬（*Calliphora*）的麗蠅。周遭環境也存在其他變因。市中心出現的昆蟲常和鄉下看到的截然不

---

1 譯注：綠蠅屬學名舊稱*Phaenicia*、現稱*Lucilia*。本書所附學名仍按作者寫法。

同，農地裡使用的殺蟲劑又可能讓情況更為複雜化。

　　為了判別夏威夷不同棲地上腐化作用的差異，我用可做為推斷根據的動物進行腐化研究的人為實驗，以備我為命案估算死後間隔時間之需。在設計諸如此類的實驗時，有幾項因素必須納入考量。首先是選擇哪一種動物。研究結果要可用，實驗對象就必須是腐化階段與人體相當接近的動物，而且必須要能大量取得，以便重複相同的研究。此外，這種動物的價格必須相對便宜，因為我們的經費通常有限。最後，附近居民有可能在午後散步或週末爬山時撞見正在進行中的實驗，所以這種動物的屍體不能嚇得路人魂飛魄散。

　　在選定受試動物之前，我研讀了別人所做的腐化研究。相關研究在世界各地用各式各樣的動物都做過，從 B・W・科爾納比（B. W. Cornaby）在哥斯大黎加用蟾蜍和蜥蜴做的研究，到麥肯・寇伊（Malcolm Coe）在非洲用大象做的研究不等。此外，也有研究用過老鼠、鳥類、天竺鼠、兔子、貓、狗、豬，甚至是人類的屍體。無須贅言，不同屍體產生的結果自然各不相同。動物和人類之間的直接對比相對缺乏，所以，我用各種動物研究得到的數據和已知死亡時間的命案，對照了類似地區和類似時間的個別研究結果。根據這些資料，最接近成年人類屍體腐化模式的動物，似乎是重約50磅（編按：約22.68公斤）的家豬。這就是我所選用的動物，也是目前美國多數腐化研究實驗動物的首選。

　　除了選擇合適的動物，我挑選的環境也要類似屍體被發現的地點，或是有可能發現屍體的地點。畢竟，來自沙漠的數據如果未經適當調整，就不宜套用在城市裡或松樹林裡發現的屍體上。就我所知，至少有一次，我在夏威夷取得的數據被用在佛羅里達州的案件上，對方卻未考量地理或環境條件的差異。我的腐化研究是在歐胡島上一片茂密的雨林進行，佛羅里達州那具屍體則是在一塊荒涼貧瘠的沙洲上發現的，將前者的數據套用到後者上，除了很顯然無法相提並論之外，颶風曾在那段時間橫掃該區，估算死後間隔時間的人也未將此事納入考量。不消說，如此估算出來的死後間隔時間和實際上真正經過的時間，自然大相逕庭。

　　為了找到對腐化研究最有用的地區，我檢視了歐胡島上法醫和警方的紀錄，過濾出島上最常發現屍體的地方，然後挑選類似的地區做為研究地點。耐人尋味的是，歷來被當成棄屍地點的棲地種類相對很少。在多數案件中，凶手似乎從殺人之前到真正動手都規畫得很縝密，但顯然對處置屍體這件事考慮得比較少。最常見的情況是，屍體要嘛大剌剌地被棄置路旁，尤其是通往甘蔗田或鳳梨田的小路邊；要嘛被丟在靠近步道或馬路的地方，特別是荒郊野外的山溝邊緣，或人煙稀少的公園。當然，也有時候藏屍在建築物裡。我找了和這每一個地區類似又不易受到打擾的研究地點，並在研究生的協助之下開始進行實驗。到目前為止，除了建築物內部，我們已經成功在這幾個

類型的地點都做過實驗了。

　　就選擇地點而言，安全總是一大考量。截至目前為止，在研究地點的取得上，軍方和夏威夷州政府對我都是鼎力相助。我向來避免一般民眾有可能接觸到受試屍體的地區。我既不想造成路人的反感，也不希望我們的現場遭到破壞。有時現場確實會遭到破壞。在我協助調查的一起命案中，屍體被裝在一個很大的金屬工具箱裡，丟在歐胡島上一條交通繁忙的馬路旁，長達18個月都沒被動過。但後來我們用一個小很多的盒子，裝了一個溫濕計（一種用來記錄溫度和相對濕度的工具）放置在犯罪現場，只放了不到24小時就不見了。無獨有偶，在大學校園附近，我用來防止食腐動物接近受試動物的圍籠，剛設置不到6小時便消失無蹤，但實驗用的豬丟在那裡沒人動。看來，我做圍籠用的鐵絲網尺寸正適合拿來捕魚。

　　地點選好，防護措施做好，研究就可以開始了。在每一個實驗現場，我都用3隻50磅重的家豬。由於要設法複製命案的實況，所以在最早的一次研究中，我試圖用一把點三八左輪手槍射穿每一隻豬的頭部。這件事自然需要夏威夷大學實驗動物照護及使用委員會（Institutional Animal Care and Use Committee，簡稱IACUC）的許可。不消說，他們批准的實驗動物安樂死方法列表上沒有這一項。我必須在一次委員會的會議上解釋這麼做的理由。就在我說明要怎麼射殺豬隻，以及我必須以這種方式殺死牠們的理由時，我注意到有幾位委員挪了挪椅子，和會議桌

拉開距離，也和我拉開距離。顯然，我的計畫讓他們很不舒服。
豬隻的福祉是他們的首要考量，而我怎麼樣都不能說他們不對。
我的最終目的是要為防止謀殺案盡一份力，而不是要折磨小豬。
一位委員提議在射殺豬隻前先給予鎮靜劑，但我無法同意他的
要求，因為受試動物體內的任何藥物都可能影響屍體上的昆蟲
群相。委員會的另一層顧慮是我有可能射偏，導致我必須射好
幾次。最後的決議是：如果我能找到別的人手來射殺豬隻，例
如警察、巡山員或獵人，那他們就准我進行下去。我確實找到
一位願意幫忙的警察，所以我的研究順利展開了。

　　在後續的研究中，我從歐胡島上的商業養豬場取得豬隻。
這些養豬場有美國農業部（U.S. Department of Agriculture，簡稱
USDA）的認證，豬隻死後會經過稽查員檢查。一開始，我還以
為自己已經克服了障礙，但事實證明我太天真、太樂觀。這次
由於豬隻在我取得時已經死亡，在學校的實驗動物照護及使用
委員會眼中，牠們形同地方超市裡買來的大塊豬肉，所以沒有
倫理道德的疑慮。但由於我的研究是夏威夷大學馬諾阿分校熱
帶農業與人力資源學院的一部分計畫，學院將計畫大綱送給美
國農業部的「州合作研究、教育與推廣服務部門」（Cooperative
State Research, Education, and Extension Service，簡稱CSREES）審核。
該部門審核了計畫提案書，然後聯絡夏威夷大學熱帶農業與人
力資源學院的院長，表達他們最大的顧慮：我能否證明這些豬
是以人道的方式宰殺？這種兜圈子式的邏輯實在讓人不敢恭

維。不止是我，校方的實驗動物照護及使用委員會也認為：該向美國農業部擔保這件事的不是我們。畢竟養豬場有美國農業部的認證，又受到美國農業部的稽查，一切按照美國農業部的法規，怎麼會要我來為他們的屠宰方式背書呢？最終「大塊豬肉」的觀點還是占了上風，我獲准開始研究。

○　　○　　○

在開始一項腐化研究之前，我會在每個屍體暴露的區域放置必要的數據記錄器。在每個現場正中央，我會安裝各種儀器，記錄研究過程中的環境條件，包括用來記錄環境氣溫和相對濕度的溫濕計、用來記錄每日降雨量的雨量計，以及用來記錄每日最高溫和最低溫的高低溫度計。我也會採集具有代表性的土壤樣本，從中取出土棲節肢動物。這些節肢動物會被當成後續樣本對照的基準，用以呈現腐化過程中土棲動物群相（soil fauna）的變化。

我將3隻豬間隔至少50公尺放置，因為我已從先前的研究中得知，短於50公尺的距離無法預防昆蟲間的異常吸引模式。如果豬隻靠近彼此放在一起，其中一隻的昆蟲活動通常會比另外兩隻熱鬧許多，又或者其中兩隻的昆蟲活動會比第三隻熱鬧許多。在數具屍體於彼此近處被發現的命案中，我已看過類似的異常侵襲模式。在這種情況下，其中一具屍體幾乎總是比其

他屍體吸引到更多昆蟲。

實驗的第一天，3隻豬在凌晨6點宰殺，裝進兩個塑膠袋運來，以防還沒到實驗現場就遭昆蟲侵襲。歐胡島不大，所以從豬隻死亡到暴露在昆蟲接觸下，中間經過的時間不到15至30分鐘。

研究過程中，3隻豬的每一隻各有不同的用途。一隻直接放在地上，熱電偶感溫棒插進牠的肛門、腹腔和頭部。整個研究過程中，這隻豬就放著不動。每次視察現場，我都拍下這隻豬的照片，以此記錄腐化過程中外觀的變化。由於屍體內部的細菌活動，以及昆蟲在屍體上取食的代謝作用，這隻豬體內的溫度在腐化過程中有劇烈的改變。每次視察，我就記錄插進豬隻體內的探針量到的溫度。此外，我也會記錄屍體附近的土壤溫度。

第二隻豬是用來觀察腐化過程中的組織移除率或生物量（biomass）移除率。測量組織移除率最簡便的辦法，就是隨著時間過去記錄豬隻體重的變化。此外，為了對照之用，我以損失體重占剩餘體重的百分比來呈現移除率。這隻豬放在焊接而成的鐵絲網上，鐵絲網以木框加強鞏固，以便在量體重時支撐這隻豬。這種裝置可讓豬屍保持與土壤的接觸。這隻豬上方架了一個木製三腳架，每次視察現場，我就用懸吊在三腳架上的磅秤量牠的體重。由於腐化過程中屍體底下的土壤會發生變化，所以量完體重之後務必將牠放回地面的同一個定點。否則屍體

下方的昆蟲活動模式就會遭到擾亂，使得數據無法準確反映腐化過程發生的變化。我在木框每個角落的地上都釘了標樁。在將這隻豬歸位時，我就用這些標樁來確保牠回到同一定點。

　　第三隻豬也放在鐵絲網上。這一隻是用來採集昆蟲和其他節肢動物的。如同第二隻豬，這一隻在採樣完之後也要物歸原位，以確保數據準確。為了防止食腐脊椎動物跑來擾亂實驗，我用鐵絲焊接成底部敞開的圍籠，每隻豬都用一個籠子罩住。在美國本土，有幾種不同的脊椎動物會吃腐屍。在夏威夷，食腐脊椎動物的數量有限，多半是野貓、野狗、齧齒動物和獴科動物。牠們的數量雖少，食慾卻很旺盛，尤其是獴科動物。隨著研究的進行，牠們也變得愈來愈大膽，而且地域性很強。我人在現場工作時，牠們就大刺刺地跑來接近屍體。常常我在豬屍的一端採集蛆蟲，抬頭一看，就發現一隻獴科動物在另一頭大快朵頤，令人不勝其擾。

　　每個研究計畫剛開始的前 14 天，我每天至少視察現場兩次。在所有的研究中，我的每日視察有一次會是在太陽過天頂角後一小時。由於夏威夷位居熱帶，全年的白晝長度變化很小，所以這個時間向來都是下午一點左右。除此之外的視察時間，某種程度依實驗的地點而定。只要有可能，我就盡量再視察兩次：一次是清晨，第三次是傍晚。14 天之後，接下來的 21 天，我每天下午一點視察現場一次。再之後則依屍體發生變化的速率而定，我視察的次數較不頻繁，儘管還是會在一天當中的同

一時間。在每天下午一點的視察當中，我會記錄最高溫度、最低溫度和每日降雨量。

每次視察，我一開始只是先靜靜觀察屍體一會兒。來到現場後，不要貿然奔向屍體，免得還來不及記錄，就把所有能飛會動的物種嚇跑。接著，我會為直接置於地面的豬屍拍照，並記錄插入屍體內的探針所讀取到的溫度、周圍的環境氣溫，以及屍體旁的土壤溫度。針對第二隻豬，我會觀察任何明顯可見的昆蟲活動、拍下照片，並記錄體重。第三隻豬供作主要的採集現場之用，我採集所有我能看到的節肢動物樣本。從各個現場採集到的樣本，必須當場做標記並分開保存，務必將掠食性和屍食性的昆蟲隔離開來。否則等你回到實驗室處理標本時，採樣瓶搞不好只裝著一隻吃得心滿意足、肥頭大耳的掠食者。每隔3天，我就從豬屍下方採集土壤樣本，後續再到實驗室處理，從中取出節肢動物。

回到實驗室之後，保存標本的工作就開始了。依昆蟲的類型而定，成年昆蟲或者用浸漬法泡在酒精裡保存，或者用針插法做成乾燥標本。身體柔軟的動物類放在濃度70%的酒精溶液中，硬體昆蟲殺死之後經過乾燥處理，並插上昆蟲針。每一批昆蟲都要標上採集的日期與時間、牠們出現在屍體上的位置，以及現場的細節。若是沒有這些附帶的資訊，樣本就無法用來分析。

未成熟的昆蟲樣本處理方式稍微不同。由於牠們看起來都

很像，往往不到能準確判斷種類的程度，所以我會把未成熟的昆蟲再分成兩組。牠們通常身體很軟、容易損傷，因此處理樣本時動作要很輕。第一組放進飼養箱裡，裡面供應的食物通常是牛肝，飼養箱則放進實驗室的恆溫恆濕機（environmental chamber）裡。恆溫恆濕機類似一台冰箱，但可以設定攝氏負30度到70度不等的溫度，並保持在恆溫的狀態。恆溫恆濕機內部的光照長度亦可加以設定，我通常是設定在攝氏26度或華氏79度，12個小時有光照，12個小時無光照。樣本被養到成蟲期，並和第二組的未成熟樣本兩相參照。

每一批樣本的第二組，代表我為了判定死後間隔時間所必須解讀的「生物時鐘」。這個時鐘從昆蟲侵襲屍體開始運轉，到我從屍體上採集昆蟲並保存起來為止。從屍體上採集的每一隻昆蟲或其他節肢動物，牠們的每一個發育階段都代表時鐘上一個明確的刻度──小時數、天數、月分，或甚至有可能是年分。為了判定牠們所代表的間隔，我必須把牠們殺死做成標本保存，讓每個樣本的時間凍結、發育停止。

未成熟的昆蟲或幼蟲不見得很容易做成標本。儘管多數幼蟲的身體很軟，例如蛆蟲和毛毛蟲，然而牠們已演化出承受極端環境和環境災害的有效辦法。未成熟的昆蟲面臨的一大環境問題，就在於水分的流失。而幼蟲解決這個問題的辦法，是在外骨骼[2]或表皮的外側形成一層防水層。防水層幫助幼蟲保住水分，但卻讓防腐劑無法進入幼蟲體內。如果防腐劑無法滲入

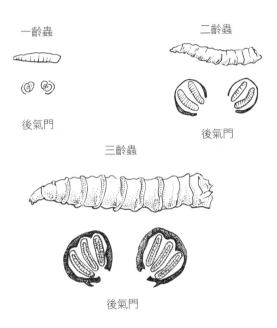

一齡蟲

二齡蟲

後氣門

後氣門

三齡蟲

後氣門

大頭金蠅幼蟲氣門示意圖

表皮，幼蟲就會從體內開始腐爛，最後縮水變黑。這種狀態的標本對法醫來說是無用的。為了克服這個問題，昆蟲學家會用一種固定液來溶解外側的保護層，讓防腐劑滲透到昆蟲的內部組織。這種固定液也會讓幼蟲膨脹，從而放大剛毛和氣門等細節，研究人員便能把確切的發育階段看得更清楚。歷年來，昆蟲學家用過各種不同的固定液。其中有許多在近期被發現會致癌，

2　譯注：外骨骼（external skeleton）為無脊椎動物外殼之俗稱，因堅硬如骨骼而得名，如蝸牛殼、螃蟹殼、昆蟲的角質層等。

因此不再使用。當今固液的首選是媒油（kerosene）、醋酸（acetic acid）和乙醇（ethyl alcohol）做成的一種混合溶液，俗稱KAA。未成熟的昆蟲泡進這種溶液中，靜置幾分鐘到數小時不等，依牠們的尺寸而定。之後再換到濃度70%至80%的酒精中，做最後的防腐與保存。

如果我因故延遲了返回實驗室的時間，手邊又沒有固定液可用，那麼熱水也可以用來應急。熱水所需的溫度就像熱咖啡或熱茶那樣，約莫攝氏77度或華氏170度左右。要取得熱水最簡便的辦法，就是開車到最近的速食餐廳，點一杯熱茶外帶。通常他們給我的是一杯熱水和一個茶包。我把茶包丟掉，讓幼蟲在熱水裡泡幾分鐘，接著換到濃度70%的酒精裡。

我用柏氏漏斗（Berlese funnel）來採集土棲節肢動物的樣本。這種漏斗是以義大利蟎蜱學家安東尼奧‧柏雷斯（Antonio Berlese, 1863-1927）為名，他在19世紀設計了最早的柏氏漏斗。以金屬或塑膠材質製成，每個漏斗頂部都有一面網眼很細的鐵絲網，底部則連接一瓶酒精或其他防腐劑。我將土壤樣本倒在鐵絲網上，並在上方掛一顆燈泡。由於土棲節肢動物偏好涼爽、潮濕、陰暗的條件，牠們會遠離光源和熱源，穿過土壤樣本，最後從鐵絲網掉下來，掉進裝了防腐劑的瓶子裡。在實驗室裡，用柏氏漏斗過濾土壤樣本可採得很小隻的節肢動物。由於牠們超迷你的尺寸，我通常會把這些樣本放在載玻片上，在複式顯微鏡的協助下加以辨識。

　　保存好之後，就是最主要的種類鑑定工作了。這件事往往很枯燥，你得坐上數小時，透過解剖顯微鏡或複式顯微鏡查看各種構造，計算牠們的眼睛、翅脈和蟲體各部位的毛或剛毛。怎麼樣都沒辦法把這件工作描述得生動有趣，除非我發現了文獻上未曾記載的種類，否則實在沒什麼精彩刺激可言。雖然許多種類都還滿常見也滿好辨認的，我還是必須送樣本給每一種昆蟲的專家，請他們確認我的判斷無誤，不然後續我可能遭到嚴厲的抨擊，尤其如果我錯認了的話。刑事審判庭可不是一個發現我認錯樣本的好地方，即使認錯種類對死後間隔時間的估算沒有影響，我的專業能力和證詞可信度還是會遭到懷疑。

　　幾乎在每個現場都有大量的物種屬於鮮有人知的類別，牠們很難分辨種類，或者小到不用顯微鏡根本看不見。運氣好的話，我或許能分辨牠們的種類到「科」的層級，但如果要弄清楚「屬」和「種」，那我就得把牠們送給專家鑑定，問題是我要找得到這樣的專家才行。有許多昆蟲和其他節肢動物的類別在全美國都沒人研究，還有些甚至全世界都沒人研究。過去20年來，昆蟲學界已經不流行生物的分類、分級、特徵描述、鑑定和命名了，現在有許多種類的昆蟲都沒什麼人能提供可靠的鑑定，就連相對普遍常見、耳熟能詳的類別也可能有很大的問題。我在1984年送了幾份隱翅蟲樣本到美國農業部的昆蟲系統學研究室（Systematic Entomology Laboratory），結果在1996年收到一封信，通知我說他們沒辦法完成那些樣本的鑑定，因為目前沒人

從事此一類別的研究。該研究室確實認同這些樣本屬於隱翅蟲科，但我已經知道科別，而且在我的昆蟲學概論班級上，絕大多數的學生馬上就能告訴我這件事，哪裡需要花上12年。

　　一旦鑑定的工作盡可能做到了最細的地步，接下來要做的就是連連看，看樣本對應到的物種、發育階段、在屍體上活動的部位和出現的時間是什麼。到了這時，各個物種和屍體腐化程度的關聯開始浮上檯面，研究工作又變得有趣起來。接下來，再把前述所有資訊和來自屍體的物理數據、體內溫度和外部環境氣溫、現場日降雨量、相對濕度、屍體外觀之間的關聯建立起來。在解讀節肢動物證據時，我必須把這些因素統統納入考量。

○　○　○

　　腐化是一個連貫的過程，不宜截然劃分成各個階段。從事腐化研究的學者儘管心裡有數，大多還是會試圖為這個過程分階段，包括我自己在內。因為在對照人為操作的腐化研究和真實的命案時，這些階段多少可以當成一致的基準。即使在自然界中，腐化過程並不存在界線分明的階段。不像節肢動物的物理參數[3]和分門別類，腐化的階段並非那般清楚明確。但當你身負出庭作證的任務，尤其是在向陪審團解釋一連串命案相關事件和屍體後續的腐化作用時，階段論的重要性就變得很明顯。

　　無論是在何處進行腐化研究，我觀察到多數都有一定的模式可循，儘管不是全數盡皆如此。雖然牽涉其中的節肢動物種類因地理區域而異，但一般常見的種類都一樣。這些節肢動物往往按照意料之中的模式抵達屍體，儘管抵達的時間可能依季節和環境而有不同。歷年來有各種不同的階段論被提出來，梅寧提出9階段論，科爾納比在哥斯大黎加對蟾蜍和蜥蜴做的研究則假定只有一個階段，R・E・布蘭寇（R. E. Blackilth）和R・M・布蘭寇（R. M. Blackilth）在愛爾蘭的老鼠研究也是主張一階段論。我自己在夏威夷的實驗則顯示腐化作用可分成5個階段。1980年代中期，我在瑪麗安妮・爾利和凱特・圖里斯（Kate Tullis）兩位研究生的協助下，建立了5階段論的劃分法。就多數研究的數據而言，5階段論套用起來似乎都恰到好處。這5個階段是新鮮期（Fresh Stage）、膨脹期（Bloated Stage）、腐敗期（Decay Stage）、後腐敗期（Post-Decay Stage），以及骨骸期（Skeletal Stage）。我原本稱「後腐敗期」為「乾燥期」（Dry Stage），但那是在我開始到雨林實驗之前的事。

　　新鮮期從死亡的那一刻開始，到屍體變得明顯腫脹為止。在這個階段，腐化作用對屍體的外觀沒造成什麼明顯可見的變化。除了傷口之外，屍體看起來就像一個靜止不動、失去意識

3　譯注：物理參數（physical parameter）泛指各種物理上的參考數據，例如在分析有翅昆蟲的垂直振翅升力時，翅膀展長、翅膀面積、振翅頻率、空氣密度等皆為相關的物理參數。

的活人。然而，蒼蠅可不是那麼好糊弄，牠們很快就會聚集過來，有時像是牠們能預知死亡似的。在夏威夷，不分晝夜，我都可以預期有兩種最常見的麗蠅在死者死後 10 分鐘內就會抵達（我知道這種說法違背學界對麗蠅活動的既定認知，有些昆蟲學家看了可能難以苟同，因為一般普遍認為麗蠅在晚上不活躍，但針對這一點，我在後面的章節中會再做解釋）。成年麗蠅會探索屍體，找尋牠們可以取食的血液或任何分泌物。如果屍體看來很適合當成蛆蟲的食物來源，雌蠅就會在屍體的自然孔竅和傷口深處產卵。這些卵會在產下後 12 至 18 小時孵化，孵化時間依蒼蠅種類和環境條件而定。新孵化的蛆蟲立刻就會開始食用屍體的組織。

麻蠅伴隨麗蠅而來，偶爾甚至比牠們還早來。不像麗蠅，麻蠅不會在屍體上產卵，而是把蟲卵留在腹中直到孵化，再直接將蛆蟲產於屍體的自然孔竅或傷口中。成年雌蠅往往甚至不會降落在屍體上，而是一邊飛行，一邊朝屍體的孔竅或傷口直接噴射一連串的蛆蟲，就像飛機空投炸彈。這種方式限制了一開始產下的蛆蟲數量，但麻蠅蛆蟲不像麗蠅卵，牠們可以移動並避開掠食者。而在成蠅抵達後不久，掠食者就來了。胡蜂來勢洶洶地捕食成蠅，常常是從翅膀捉住牠們。被屍體吸引過來的螞蟻既搬走蟲卵，也搬走蛆蟲。各式各樣的掠食性甲蟲隨後抵達屍體。

膨脹期從腹部開始顯露膨脹的跡象算起，但這個時間點很

難準確斷定。一旦死亡，腐化的過程立刻開始。除了新生兒以外，任何屍體的消化系統中都有很多細菌。這些細菌多數都是厭氧菌，無須氧氣便能存活。在活著的生物體內，身體自己會抵禦這些細菌的活動。而且，只要細菌待在消化系統內，牠們就不會造成真正的危害。舉例而言，在我們的腸道內有著愈來愈惡名昭彰的大腸桿菌（*Escherichia coli*）。只要牠們待在我們的腸道內，那大家就相安無事。但如果牠們入侵人體其他部位，比方說腎臟，那就會導致嚴重的併發症，甚至有可能致命。人一死亡，身體的防禦機制停止，細菌開始經由腐化的過程破壞組織。氣體是細菌的代謝活動所產生的副產品。這些氣體先是造成腹部輕微的膨脹，之後全身都鼓了起來，使得屍體看起來有點像一顆氣球。

在這個階段，屍體對蒼蠅還是很有吸引力。麗蠅和麻蠅依舊大量出現，而且這時會有愈來愈多家蠅科（Muscidae）的家蠅（house fly）加入。蒼蠅在膨脹期的早期到中期產下最多的卵和蛆蟲。蟲卵大約都是在同樣的時間產下，所以孵化的時間也大致一樣，蛆蟲則大量聚集在一起取食。在將食物送進嘴裡之前，牠們會先用口鉤劃破屍體組織，並注入唾液酵素預先消化食物。這些酵素再加上腐屍上的細菌活動，使得食物在進入蛆蟲口腔前先化為半流質的狀態。而比起個別蛆蟲獨立作業，一群蛆蟲聚在一起分解屍體組織會更有效率。

這些蛆團（maggot mass）往往全體一起在屍體上移動，自始

至終一隻不少。蛆蟲和厭氧菌引起的代謝變化，使得屍體內部的溫度開始升高。在新鮮期，屍體的溫度降至接近環境氣溫和土壤溫度。此時，屍體的溫度則猛然上升，高溫可達攝氏53度或華氏127度，遠高於周圍環境的溫度，也比正常人體溫度高出許多。

隨著蛆蟲數量增多及牠們本身體型變大，屍體對各種掠食性的物種甚至變得更具吸引力，包括甲蟲、螞蟻、胡蜂，乃至於蛆蟲和蟲蛹的寄生蟲。在這個階段，最有可能看到的甲蟲是閻魔蟲、隱翅蟲以及埋葬蟲。郭公蟲科的甲蟲也在這個時期抵達。這些昆蟲或以屍體為食，或者獵食其他在場的節肢動物，並產卵在屍體上或屍體下方。從這個腐化階段到後來的階段，屍體和土壤接觸的區域是主要的活動地點。

在膨脹期，液體開始從屍體的自然孔竅或傷口滲出來。這些液體和蛆蟲活動產生的氨（〔ammonia〕阿摩尼亞）結合，滲透到屍體下方的土壤中，導致土壤變成鹼性。屍體一被放置在某一個地點，一般而言，棲息在該地土壤中的節肢動物就會離開，這是自然而然的反應，完全在意料之中。腐化作用產生的液體滲入土壤之後，屍體下方的區域就變得對腐化相關生物獨具吸引力。這些生物多數都相當微小，必須用柏氏漏斗過濾土壤樣本加以採集。土棲生物族群[4]發生的改變是長期的，而且會隨著

4　譯注：族群（population）指特定時間內占據特定空間的同種生物。

腐化作用的進行變得愈來愈顯著。可惜，這些卻常是執法人員在處理犯罪現場時所忽略的生物。

除了新鮮期以外，腐敗期是唯一一個外觀看得出明顯變化的階段。在體外蛆團和體內厭氧菌兩者的活動結合之下，屍體皮膚最終會被破壞，使得氣體逸出、屍體消氣。我認為，腐敗期就從此時算起。在這個階段的初期到中期，一大群一大群取食的蛆蟲是主要的特徵。此時屍體還是很濕潤，而在屍體下方的土壤表面和地下，都有大量腐化作用產生的液體存在。在腐化的這個階段，屍體散發一股鮮明的異味，處理屍體不是什麼愉快的經驗。我注意到腐敗期和缺席率有很強的關聯——一進入腐敗期，我的研究生缺席和請病假的人數就會上升。

在腐敗期，甲蟲的個體數量和種類數量都明顯上升，屍體上既有屍食性的甲蟲，也有掠食性的甲蟲。到了腐敗期的尾聲，這些甲蟲成為主要占據屍體的昆蟲。此時蒼蠅幼蟲通常已經完成發育，接近化蛹期的蛆蟲不再進食，牠們進入後食期跳蛹[5]的階段，離開屍體去找一個安全無虞、不會被掠食者盯上的地方化蛹。在蛹期，蛆蟲變得靜止不動，也不進食。這個過程是在幼蟲階段末期形成的硬殼裡度過。破蛹而出時，昆蟲就羽化為成蠅。隨著蛆蟲離開屍體，牠們在發育過程中代謝產生的高溫就會降下來，屍體的溫度漸漸回到周圍環境的溫度。在膨脹期

5　譯注：跳蛹（wandering）意指幼蟲跳落到地上找尋化蛹之處。

和腐敗期之初，蛆蟲和甲蟲迅速移除屍體上的肉。到了腐敗期尾聲，屍體只餘兩成以下的體重，剩下來的主要是皮膚和骨頭。

當屍體只剩皮膚、軟骨和骨頭，麗蠅、麻蠅和家蠅的族群便隨之減少，其他節肢動物取而代之，種類依棲地而定。早期，我的腐化研究是在鑽石頭山和夏威夷大學馬諾阿分校的校園進行，前者是一片乾燥的區域，後者則有溫和的降雨量。在這兩個現場，後腐敗期皆以鰹節蟲（科別：鰹節蟲科）的成蟲和幼蟲為主。這些甲蟲的成蟲在腐敗期的後期開始出現，但幼蟲通常要到屍體變乾以後才會出現。掠食性的隱翅蟲和閻魔蟲數量也在此時增加，尤其是在屍體周邊的區域。在屍體下方的土壤中，蟎蟲的數量和種類穩定增加。有些蟎蟲吃藻類、菌類和其他腐化作用的副產品，例如粉蟎科（Acaridae）、薄口蟎科（Histiostomatidae）和溫特蟎科（Winterschmidtiidae）的蟎蟲。有些蟎蟲則獵食屍體上的昆蟲和其他小動物，例如巨鋏蟎科（Macrochelidae）和寄蟎科（Parasitidae）的成員。這些蟎蟲族群的改變可為屍體的來歷提供寶貴的線索，尤其如果死者在死後被移動過。

在我後來的腐化研究中，我開始探究屍體在潮濕地區的腐化模式，例如放在雨林會如何。「乾燥」一詞很快就顯得不適用於這些實驗的任何一個階段。事實上，我的一名研究生想到這件事就備感困擾。在她的研究中，她難以接受用「乾燥」一詞來指稱任何一部分。我們達成共識，改用「後腐敗」來指稱腐化過程的第四個階段。我發現有許多在其他類型的棲地大量出

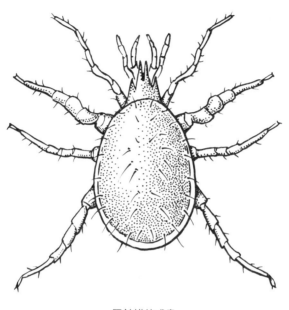

巨鋏蟎的成蟲

現的甲蟲，純粹就是不會在潮濕的棲地（例如雨林和沼澤）出現，包括某些屍食性昆蟲（例如鰹節蟲）和某些掠食性昆蟲（例如閻魔蟲）在內。鰹節蟲不來是可以理解的，因為牠們需要以乾燥的皮膚和軟骨做為食物來源，而在潮濕的棲地，屍體純粹就是不會變乾。閻魔蟲不需要以乾燥的組織為食物來源，但牠們還是不會出現在潮濕的棲地，至少在夏威夷不會。在潮濕的棲地，甲蟲由其他種類的昆蟲取而代之，例如半翅目（Hemiptera）姬蝽（〔nabid bug〕或稱擬刺蝽）和獵蝽（reduviid bug）的昆蟲。然

而，比起在較為乾燥的條件下，蛆蟲會在屍體上停留得更久，因為屍體組織保持足以讓牠們食用的濕潤度。在潮濕的棲地，屍體上麗蠅和麻蠅的種類和世代都更多。其他正常來講不會在乾燥棲地發現的蒼蠅，也會侵襲置於潮濕棲地的屍體，例如蛾蚋科（Psychodidae）的蛾蚋（moth fly）。

不分棲地，到了後腐敗期的尾聲，屍體僅存大約一成的體重。全身只剩骨頭和毛髮，屍體便進入骨骸期。這時，屍體上就沒有和腐化相關的昆蟲了。殘餘的屍體相關物種都非常小，而且生活在骨骸旁邊或底下的土壤中。隨著時間過去，一般正常的土棲物種漸漸回歸，腐化過程特有的物種則離開此地。腐化的這個階段沒有絕對的終點，依當地的條件而定，死後數月或甚至數年，在土棲動物群相中都可能有腐屍相關的物種存在。

4 | 率先抵達的蒼蠅
The First Flies

在我的經驗裡，腐化的第一週或第二週，要推算死後間隔時間的最小值[1]，蒼蠅通常是唯一全體適用的可靠指標。其他昆蟲在這段時間也會造訪屍體，但牠們抵達的時間不夠固定，無法據以推斷死後間隔時間。以蒼蠅活動推算出來的數值為基礎，其他昆蟲的活動或許能用來加強論點、鞏固基礎，但牠們本身並非死後間隔時間的可靠指標。然而，蒼蠅是以相當固定的模式早早抵達，並展開牠們的活動。對法醫昆蟲學家來說，牠們帶來的最大挑戰是種類的鑑定。如前所述，我們很難準確鑑定處

---

1 譯注：死後間隔時間最小值（minimum postmortem interval，簡稱 minPMI），即從死者死後到屍體被發現「至少」經過多少時間。

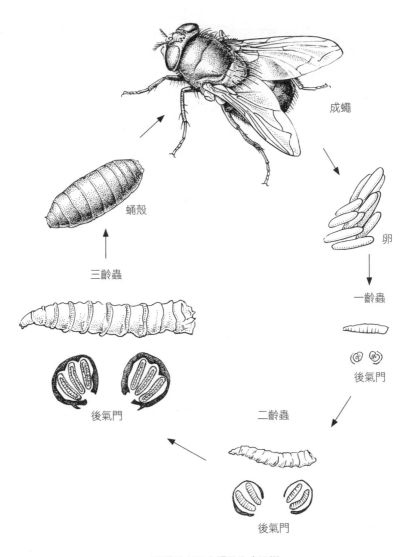

成蠅

蛹殼

三齡蟲

卵

一齡蟲

後氣門

後氣門

二齡蟲

後氣門

麗蠅科大頭金蠅的生命週期

於未成熟階段的昆蟲，尤其是蛆蟲。儘管鑑定狀況良好的成蟲容易得多，但我和其他昆蟲學家常常只有死掉的樣本可做為鑑定之用。這些昆蟲屍體是犯罪現場鑑識人員採集來的，交給我們時只做了微乎其微的保存措施。根據這樣的樣本推算死後經過的時間，準確度自然有限。

為了用蒼蠅來計算死後間隔時間，我必須判斷每個樣本所代表的發育階段。以多數涉及腐化的蒼蠅而言，牠們有6個明顯的發育階段。包括麗蠅、家蠅和牠們的親戚在內，這些蒼蠅大部分都在人體自然孔竅或傷口大量產卵。依溫度和蒼蠅的種類而定，孵化的時間差異甚鉅。1950年代，A・S・卡莫（A. S. Kamal）在華盛頓州進行的研究，整理出8個不同種類的麗蠅孵化的時間。這些研究是在攝氏27度或華氏80度左右的條件下進行，蠅卵需要10到30小時的時間孵化，依種類而定，多數需要15到25小時。蠅卵孵出第一階段的蛆蟲，昆蟲學家稱之為一齡蟲（first instar）。另一個腐化初期涉及的主要類別是麻蠅，麻蠅是將一齡蟲直接產在屍體上。但由於每隻雌麻蠅都很小，所以一次沒辦法產出像麗蠅卵那麼多的蛆蟲。

無論是從蟲卵孵化而來，還是直接產下一齡蟲，蛆蟲都會立刻開始吃屍體的組織，個頭也長得很快。蛆蟲的外皮成分含幾丁質（chitin），不但具有彈性，又能提供保護、對抗環境，但它也限制了蛆蟲的尺寸。在單一發育階段中，昆蟲及其他節肢動物皆無法產生新的外皮（只有少數例外）。一旦蛆蟲大到填滿

外皮，牠就必須蛻皮──先在舊皮底下產生一層較大的新皮，再把舊皮脫掉。

腐化初期涉及的蒼蠅蛆蟲，多數都有3個發育階段：第一齡期、第二齡期和第三齡期。第一齡通常最短。卡莫總共研究了13個種類的麗蠅和麻蠅，以這13種而言，第一齡介於11到38小時之間，多數種類在22到28小時之間完成第一齡，接著就蛻皮進入第二齡。同樣地，第二齡發育完成所需的時間從8到54小時不等。多數種類的這個階段大約和第一齡等長。13個種類中有12種在11到22小時之間完成第二齡，接著蛻皮進入第三齡。

在這3個階段中，第三齡歷時最久，並可分為兩個部分。在第三齡的第一部分，蛆蟲在屍體上積極取食，並維持蛆蟲進食活動特有的緊密團隊。根據卡莫的研究，此一階段的這個部分持續20到96小時。到了這個部分的尾聲，蛆蟲達到最大的尺寸並停止進食。第三齡的第二部分為後食期或跳蛹期，乃蛆蟲發育過程中最長的一個時期。以卡莫研究的13個種類來說，此一階段持續40至504小時不等。但多數種類完成這個發育階段所需的時間，介於80至112小時之間。在後食期或跳蛹期，食物已經消化完畢，蛆蟲的腸道清空，開始為化蛹的階段做準備：牠們的長度開始縮短，在多數情況下，牠們最終會離開屍體，找一個安全的地方化蛹，遠離屍體引來的掠食者和寄生蟲。

蛆蟲通常會從屍體轉移陣地到稍微比較乾燥的地帶，而對

牠們來說，「比較乾燥」通常意謂著「上面」，但往上移動不見得是成功的策略。麗昂植物園（Lyon Arboretum）是夏威夷大學馬諾阿分校後方一塊非常潮濕的棲地，有一次，在那裡進行研究時，我和學生清早抵達，發現蛆蟲正在離開我們的豬屍，去找較為乾燥的地方化蛹。方圓幾哩之內都沒有乾燥的地區，但蛆蟲所知有限，牠們一個勁兒往樹上爬。牠們沿著樹幹爬上去，再沿著樹枝爬到樹梢，接著就掉回地面上。由於這一帶有3隻豬，每隻都有成千上萬的蛆蟲離開屍體爬上樹再掉下來，現場真的是蟲如雨下，「雨勢」嚴重到我們必須回實驗室拿傘，才能完成採樣的工作。

　　一旦蛆蟲找到適合化蛹的地點，牠們就停止移動開始化蛹。剛開始，蟲蛹的顏色類似蛆蟲白白黃黃的膚色，但接下來幾小時，外殼顏色就會變深，呈現泛紅的深褐色。在此期間，你可以從蛹殼的顏色大概知道蟲蛹的年紀。這個階段的蟲蛹看起來就像一顆小小的橄欖球，不怕熱，不怕冷，不怕乾，不怕淹水，而且對掠食者不太具有吸引力。被包裹在蛹室當中時，昆蟲歷經相當於第二次胚胎發育的階段，從蛆蟲羽化為成蟲。蛆蟲的組織和構造經過所謂「組織解離」（histolysis）的過程分解掉，名為「成蟲芽」（imaginal bud）或「成蟲盤」（imaginal disc）的細胞群進而發育成全新的構造，包括腳、眼睛、翅膀等等。這是一個相當耗時的過程，所需的時間以日數計，而非以小時計。就卡莫研究的13個種類來說，此一階段為時4到18天，多數種類於

6到14天之間完成羽化。

　　和腐化早期相關的蒼蠅種類，主要隸屬於昆蟲學家稱之為蠅下目（Muscomorpha）的類別，包括無所不在的家蠅、麗蠅及麻蠅在內。由於成蠅破蛹而出的方式，此一類別有時也被稱之為環裂下目（Cyclorrhapha），Cyclorrhapha一字源自「環裂」的拉丁文。在蟲蛹的一端有一圈環狀裂痕，成蠅把這個「蓋子」推開，再把自己從蛹室中拖出來。剛破蛹而出的蒼蠅長得不像你我慣常看到的樣子。為能掙脫蟲蛹，蒼蠅勢必要能屈能伸、富有彈性；牠的表皮顏色很淡，質地柔軟；牠的翅膀又皺又塌。經過幾個小時，表皮變硬，蒼蠅有了成蠅的顏色，翅膀張開，所有功能都完備了。卡莫研究的13個種類，在華氏80度的溫度下，從蠅卵長到成蠅需時10到27天不等。這些種類的成蠅壽命則從17到39天不等，並在破蛹而出後第5天到第18天可開始繁衍下一代。

　　這些發育階段的時間範圍和蒼蠅的壽命都很有用，但務必切記這些數據來自人為控制下的研究。實驗室外的環境變化萬千，法醫昆蟲學家必須將溫度等明顯的變因納入考量。溫度的變化非昆蟲和其他節肢動物所能抵擋。低於一定的下限，昆蟲就會冷到不能飛，也無法產卵或產下幼蟲。未成熟階段的發育速度也視溫度而定。

　　溫度下降，發育的速度就會變慢，直到降至攝氏10度左右，發育便完全停止。幼蟲不會死，只是停止發育，直到溫度升高

到能繼續發育為止。溫度若是更低，多數幼蟲便會冷死，但有些昆蟲甚至凍不死。有些種類的蚊子慣常在融雪形成的積水中產卵，從這些蟲卵中孵出來的幼蟲常在積水裡結冰，但只要一解凍就會繼續發育。

　　高溫加快發育的速度。溫度愈高，幼蟲發育得就愈快，但成蠅的尺寸會隨著發育速率提高而縮減。在我的實驗室進行的研究中，我看過「大頭金蠅」和「紅顏金蠅」這兩個種類的麗蠅呈現這種現象。尺寸變小伴隨著雌蠅產卵數量減少。目前為止，無論是就完成幼蟲階段的發育，還是就成年後繁衍下一代而言，我在實驗室裡飼育的種類，多數都在恆溫攝氏35度左右會有困難。

○　○　○

　　除非犯罪現場在室內，否則在平常的一天當中，屍體就要不斷歷經溫度起伏。在根據昆蟲的發育模式推算死後間隔時間時，法醫昆蟲學家務必將這一點納入考量。就溫度起伏而言，夏威夷群島是一個相對單純的工作地區。這裡的溫度一年四季、日復一日都頗為一致。差異是有的，但絕對不像美國本土許多地區那般極端。此外，夏威夷靠赤道很近，所以白晝長度的季節變化也是微乎其微。

　　但無論地理位置，溫度這件事至少有兩個主要的問題。首

先，犯罪現場的環境氣溫是一回事，實驗室研究中用來為各種昆蟲建立發育時間的溫度是另一回事。事實上，前者總是和後者不同。其次，實驗室外的溫度起伏不定。人為研究的溫度受到控制，犯罪現場的溫度則不斷改變，所以，以死後間隔時間的計算來說，我要有辦法解決兩者的差異才行。第一步是查出犯罪現場在某段時間實際上的氣溫，這段時間通常是從受害者生前最後一次被人看見，直到受害者的屍體被人發現為止。

在美國，氣溫的資料可從國家海洋暨大氣總署（National Oceanic and Atmospheric Agency，簡稱NOAA）取得。NOAA在全美各地廣設氣象觀測站，多數觀測站都能提供每小時的氣溫、相對濕度、雲量和降雨量的紀錄。地方上的其他氣象觀測站也能提供天氣資訊。在夏威夷，我發現鳳梨園和甘蔗田的果農配合度特別高，他們很樂意提供私人氣象觀測站的數據給我。這些農產企業有大片的農產品要栽種，因而在多數島嶼上都設有一流的氣象觀測系統。軍方是另一個取得天氣數據的來源，尤其當屍體是在軍用機場及其周邊被發現時。

縱使有這些氣象數據，我還是會面臨另一個問題。屍體很少是在氣象觀測站附近被發現，而即使是在只離觀測站半哩的地方，氣溫也可能大不相同。就我所知，只有一起命案的天氣數據可謂準確無誤。我是從已故的泰德・阿德金斯[2]那裡聽來的，在該起案件中，屍體是在南卡羅萊納州一座簡易機場一條小型飛機跑道盡頭的氣象觀測站下方被發現。在夏威夷，氣溫

差異通常微乎其微，但還是必須納入考量。其中一個解決的辦法，是在發現屍體的地方放置溫濕計，連續一週記錄每日的氣溫範圍。接下來，我就可以拿這些數據和最靠近的 NOAA 氣象站數據兩相對照，進行統計學上的迴歸分析（regression analysis）。這種分析法讓我得以估算 NOAA 氣象站和犯罪現場之間的差異。當然，分析出來的結果不是溫度計測得的「真實」溫度，但確實比單靠氣象站的資料評估現場狀況更為準確。做迴歸分析通常比取得現場大量的天氣數據容易。警方一旦公布某個犯罪現場，往往不止會引來死者的親朋好友和新聞媒體，也會引來看熱鬧的閒雜人等，有些人可能會破壞現場。

　　一旦建立起氣象站數據和犯罪現場實際情況的關聯，我就可以開始根據蒼蠅的發育推算死後間隔時間了。從屍體採集昆蟲時，我會為屍體上所有不同種類的昆蟲找一個代表樣本，從未成熟階段中最成熟的蛆蟲，到完全成熟的成蟲，盡量萬無一失地將每一種都採集到。在腐化初期，最成熟的蛆或蛹通常是死後間隔時間最小值的指標，因為牠們是從第一批產在屍體上的卵或蛆發育而來。為了鑑定種類，我把每一個種類的代表樣本放進實驗室的恆溫恆濕機裡，將牠們飼育到成蟲的階段。沒放進恆溫恆濕機的樣本則是做成標本保存起來。

2　譯注：泰德・阿德金斯（Ted Adkins, 1930-1989），美國昆蟲學家，克萊門森大學（Clemson University）昆蟲學系榮譽教授，專攻醫學昆蟲學及獸醫昆蟲學。

　　針對每一個種類的蒼蠅，我需要知道蛆蟲的尺寸以及樣本代表的齡期。我透過解剖顯微鏡測量蛆蟲的長度，接著仔細檢查蟲體的構造，藉以判斷樣本的齡期。一隻蛆蟲共有兩組用來呼吸的孔竅，稱之為「氣門」（spiracle）。其中一組氣門位於蟲體第三節側邊，靠近頭部的地方。另一組氣門則在蟲體的尾端，亦即「後氣門」（posterior spiracle）。後氣門是蛆蟲主要的呼吸構造，形狀往往非常明顯。所以，我常常單憑後氣門的形狀就能鑑定到「科」或「屬」的分類層級。雖然從蛆蟲的尺寸可以約略判斷齡期，但還是要看後氣門才能確定。一齡蟲的氣門是一對相對簡單的孔竅，形狀可能像一個v字形或u字形。二齡蟲則有兩對明顯的孔竅。以麗蠅和麻蠅來說，這兩對孔竅呈現一條縫的形狀。以家蠅和牠們的親戚而言，這兩對孔竅則稍微呈蛇形。這些孔竅嵌在一對很明顯的骨化構造裡。到了第三齡，蟲體兩側各有3個輪廓分明的孔竅，或者嵌在一對骨片當中，或者被一種叫做氣門環（peritreme）的環狀骨片包圍。除了後氣門，口器也有助於判斷齡期。但由於口器藏在蛆蟲體內，通常需要稍微剖開蟲體才看得到，所以後氣門是最常用的判斷依據。

　　齡期判定完成，最成熟的蛆蟲身體的長度也測量出來了，接下來我就回到實驗室飼育組的數據上，看看在受到人為控制的情況下，同類的蛆蟲花多久時間達到一樣的發育階段。我必須順應陳屍現場的條件調整蛆蟲發育的時間長度。要這麼做有幾個辦法，但最常用的是將時間乘以攝氏溫度，把溫度和時間

換算成積溫時數（accumulated degree hours，簡稱ADH）或積溫日數（accumulated degree days，簡稱ADD）。由於發育所需的時間隨著溫度提高而減少，所以在發育的任何階段，積溫時數的總數都保持不變。要從該階段的積溫時數算出達到任一階段所需的時間，方法很簡單，就是將積溫時數除以溫度。舉例而言，卡莫於1958年以攝氏26.7度（華氏80度）進行實驗，用他這個實驗的數據，我可以按照以下的辦法，算出麗蠅科的伏蠅（〔*Phormia regina*〕或稱黑麗蠅）達到第三齡的標準時間。首先，我把完成蟲卵、一齡蟲和二齡蟲階段所需的時間加總：16小時＋18小時＋11小時＝45小時。只要將加總的時數乘以攝氏溫度，就能將這個數值換算成積溫時數：45小時×26.7°C＝1,201.5 ADH。當然，把積溫時數換算成積溫日數很容易：1,201.5÷24小時＝50.0625 ADD。

我們來看看如何將積溫日數應用到實際的案件上：假設屍體是在10月15日早上8點被人發現，而昆蟲樣本是在同一天早上9點採集並保存。屍體上最成熟的伏蠅蛆蟲正從一齡蟲蛻皮為二齡蟲。那麼我們需要計算的積溫時數，就是蛆蟲完成蟲卵和整個一齡蟲階段所需的總時數。以實驗室26.7°C的飼育條件而言，此一數值會是34小時或907.8 ADH。為了估算昆蟲發育的時間長度，我從10月15日早上9點採集蛆蟲的時間倒推回去。從那天午夜到早上9點，蛆蟲經過了9小時的發育時間。在這9小時之間，現場記錄到的平均溫度是20°C，這代表10月15

日的積溫時數總計為 180 ADH（9 小時 × 20°C ＝ 180 ADH）。前一天的平均溫度是 21°C，換算成積溫時數總計為 504 ADH（24 小時 × 21°C ＝ 504 ADH）。把這兩天的總數加起來，我得出 684 ADH 的積溫時數。用 907.8 ADH 減掉 684 ADH，剩下的積溫時數為 223.8 ADH。10 月 13 日的平均溫度是 20°C，那天每小時各占 20 ADH。將 223.8 ADH 除以 20°C，我得出 10 月 13 日的發育時間總計為 11.2 小時。從午夜算回去，我得出昆蟲在屍體上開始活動的時間是 10 月 13 下午一點。這不見得是被害人死亡的實際時間，但這是死後間隔時間的最小值，亦即從被害人死亡到昆蟲採集之間，至少經過了這麼長的時間。

我從屍體採集最成熟的蛆蟲，再用實驗室的飼育數據，算出牠們發育到這個階段所需的積溫時數，然後，我只要從生物時鐘停下來的那一刻回推，亦即從我採集並保存昆蟲樣本的時間回推，一直推算到積溫時數的總數為止，如此得出來的數值，即為昆蟲活動開始的時間。在做這些計算時，我可以用現場記錄的每日或每小時氣溫平均值，我也可以用氣象報告提供的每小時氣溫，計算每一小時的積溫時數。整體而言，用平均氣溫來估算蛆蟲發育的實際條件通常比較準確。倘若採取每一小時的算法，我必須假設屍體本身的溫度跟環境氣溫變化得一樣快。而這種假設並不成立，除非是在相當罕見的情況下。正常來說，比起周遭氣體的溫度，一件固體的溫度變化得比較慢（舉例而言，一塊牛排放進冷凍庫並不會立刻凍結；經過一段時間之後，

牛排的溫度才會漸漸降低，直到冷凍為止）。所以，事實證明，長時間的平均值通常更為準確。

在用積溫時數或積溫日數估算死後間隔時間時，另一個我必須考量的要素是蛆團集體取食產生的熱。在許多案例中，環境氣溫都不能準確反映蛆蟲在屍體內發育的溫度。以我在夏威夷的腐化研究而言，我發現在蛆團集體活動的影響下，屍體內部的溫度會比環境氣溫還高出攝氏22度。乍看之下，單憑這一點，似乎就有充分理由不用積溫估算蛆蟲發育所需的時間，但積溫的算法確實可行。儘管蛆團產生的熱會影響牠們的發育速率，但這股熱能卻不是立刻就會產生，有可能要花數日才會形成。之所以如此，可能是因為在發育之初缺乏組織化的蛆團。蛆蟲產生的熱量也依蛆團的規模而定。在相對寒冷的天氣下，屍體上的蛆蟲數量較少；在較為溫暖的天氣下，屍體上的蛆蟲較多。積溫的計算若以這兩種情況相比，前者的數值會比後者更為準確。

更有甚者，蛆團的溫度不見得能反映蛆蟲實際上是在多高的溫度之下發育。記錄蛆團溫度時，我們記錄的是正中央的溫度，而蛆團外圍和其他部分的溫度都較低。由於蛆蟲無法調節自己的體溫，環境氣溫若是高於攝氏50度（華氏122度），牠們就有熱死的危險，所以牠們不會在群體的中央待太久。相反的，牠們似乎會在整個群體中循環，在取食時移到群體內部，一旦溫度高得危險，就又移到群體外圍降溫並消化食物。降溫

一段時間後，牠們重新進入群體內部，重複一樣的循環。過程中，牠們有很多時間是待在溫度低於蛆團中央的地方。

法醫昆蟲學家透過實驗來取得蛆蟲發育的數據基準。在推算死後間隔時間時，有個常常受到忽略的因素，就是法醫昆蟲學家對這些實驗的設計。在絕大多數的實驗中，研究者都會設法為蛆蟲創造一個理想的生長環境。所謂理想的生長環境，就是在相對狹小的容器中飼養大量蛆蟲，亦即讓蛆蟲在蛆團中長大。儘管有少數研究是用個別蛆蟲做實驗，這些研究卻幾乎不曾用在法醫昆蟲學上。在我的實驗室中，我的一名研究生進行的實驗顯示，在實驗室的條件底下，即使只是密度較小的蛆團，溫度也會提高。所以，雖然不是刻意為之，但法醫昆蟲學家用作計算基準的實驗，本身就已經對蛆團產生的熱度做了一些調整。

除了影響發育速率，溫度也可能限制在屍體上取食的蛆蟲種類。有些種類的蛆蟲耐不住蛆團中的高溫，所以可能會脫離屍體上蛆團聚集的部分，抑或完全脫離屍體。謹慎起見，採樣時必須從所有出現昆蟲的區域採集樣本。在腐化的最初幾天過後，通常就會有各式各樣的種類出現。所以，只要有可能，我會盡量將各種蛆蟲都涵蓋進去，用積溫時數或積溫日數去推算死後間隔時間。個別的發育時間一致，算出來的結果更準確。

儘管目前為止我強調的是蛆蟲發育的重要性，但蛹期也很重要。蛹期在蒼蠅的一生中占了多達4成的時間，而且從蛹殼

中可以獲得許多證據。近來，法醫昆蟲學家已開始設計各種判定蛹齡的方式，包括剖開蛹殼，評估蛹中蒼蠅發育的時間長短，以及分析蛹期初期蛹殼發生的顏色變化。在我所經手的多數案件中，我純粹只是將蛹殼放進恆溫恆濕機，在已知的溫度之下，觀察成蠅花了多久破蛹而出。用來自犯罪現場的溫度和恆溫恆濕機的已知溫度，做積溫時數或積溫日數的計算，我就能估算從卵或蛆被產下到成蠅破蛹之間過了多久。當然，在提出最後的估計值時，我必須將蛹殼待在恆溫恆濕機裡的時間考量進去。我也必須檢查屍體附近的空蛹。附近如有任何空蛹，那就表示至少有一代的蒼蠅已經完成發育離開屍體。在這樣的情況下，出現在屍體上的蛆蟲就會是來自後續才產下的卵或蛆。

○　○　○

至於要如何將此種死後間隔時間的判斷方式應用到實際的案例中，以下是美國空軍特別調查處（U.S. Air Force Office of Special Investigations，簡稱AFOSI）於1992年春天轉給我的一個案子。是年5月5日，調查人員請我協助估算一名15歲軍眷的死後間隔時間。屍體於1992年4月28日晚上7點在加州河濱市（Riverside）的馬奇空軍預備基地（March Air Force Base）被人發現。現場鑑識人員指出受害者為男性，胸中多刀，並遭割喉。河濱市郡驗屍官辦公室的人員於晚上10點半將屍體送入冰櫃。冰櫃裡的溫度

保持在華氏18度（約攝氏零下7.8度），此溫度低到屍體上的蛆蟲無法再繼續發育。

　　5月1日星期五進行解剖時，地方法醫顧問採集了昆蟲的樣本。他也從屍體下方和緊鄰屍體的區域，採集了現場的土壤樣本。這位顧問上過法醫昆蟲學相關的課程，並按照課程上學到的程序處理。他分別採集了屍體各部位的昆蟲樣本，分成3份裝好，再將每一份分成兩組。一組以熱水處理後用異丙醇（iso-propyl alcohol）水溶液保存，以防蛆蟲變硬。另一組放進紙箱，箱子裡除了有餵食用的牛肝，也有一些細沙為蛆蟲提供保護。土壤樣本也裝進紙箱裡。

　　樣本直到5月7日星期四才寄來給我。由於快要週末了，所以我請他們將包裹快遞到我家。我不想等到下週一才開始處理這些樣本。包裹一送到，我就拿到學校的實驗室。包裹中有46張犯罪現場的照片、該基地1992年4月21日至4月28日的每小時氣溫紀錄、分開裝在6個容器裡的昆蟲樣本，以及一份土壤樣本。我將活體樣本放進攝氏26度的恆溫恆濕機。量過蛆蟲標本的尺寸、判定牠們的齡期之後，我將標本換至70%的酒精裡保存。

　　犯罪現場的照片顯示受害者趴在一片草地上。這種草地是麗蠅夜間典型的休息地點。其中4張照片的細節，足以讓我認出大隱翅蟲（*Creophilus maxillosus*）的種類，此種隱翅蟲獵食麗蠅和麻蠅的卵和蛆。死者的臉被蛆團啃得模糊難辨，頸部的傷口

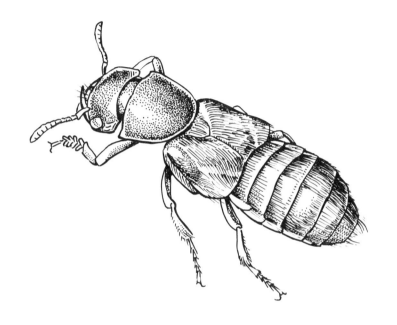

隱翅蟲科大隱翅蟲的成蟲

一帶亦然。胸部有很多血,但卻未受蛆蟲大肆侵襲。可能是因為屍體俯臥的姿勢,使得多數蒼蠅無法來到這裡。和土壤接觸的體側則有大量蟲卵。

在交來的樣本中,我認出麗蠅和麻蠅的蛆蟲。麻蠅的蛆已經進入蛹期,但尚未發育為成蠅。以麻蠅科的蛆蟲來講,在冷藏的情況下,發育停滯的現象並不少見。考量棄屍地點和蛆蟲的尺寸,樣本有可能是灰麻蠅(*Sarcophaga bullata*),這是在美國西

南部常見的一種食腐蠅類。我從樣本中認出 3 個種類的麗蠅：絲光綠蠅的二齡蟲和三齡蟲、伏蠅的三齡蟲，以及紅顏金蠅的三齡蟲。絲光綠蠅最大的三齡蟲長 11 公釐，根據實驗室的飼育數據，達到此一發育階段需要的積溫時數總計是 1,689ADH。在計算現場的絲光綠蠅蛆蟲需要的積溫時數時，我用了每小時氣溫和日均溫兩種算法。兩種算法都顯示，從死者死亡到屍體冷藏之間，經過了 72 到 77 小時。我用該基地提供的每小時氣溫數據，算出最有可能的死亡時間是 1992 年 4 月 25 日晚上 10 點到午夜之間。紅顏金蠅的樣本也顯示出一樣的時間範圍。但伏蠅的蛆蟲歷經較短的發育時間。這也難怪，因為伏蠅往往不會在人死後立刻侵襲屍體。所以，此一種類的發育時間較短，和其他已知的事實並不衝突。

此時我唯一的問題是：麗蠅得要在夜間產卵，才符合我估算的死亡時間。多年來，學界普遍認為麗蠅在夜間就停止一切活動。早期我於夏威夷做的一些腐化實驗中，我希望在清晨盡早將測試用的動物屍體擺出去。為此，我有時天還沒亮就跑去實驗現場。而在這種情況下，我很訝異地看到屍體一擺出去，麗蠅幾乎立刻就來了。後來，我在天黑時分觀察到麗蠅在犯罪現場出沒。再接下來，柏納德·葛林堡於 1990 年發表了他在芝加哥的一些實驗結果，結果顯示某些麗蠅會在深夜產卵。儘管麗蠅通常不會在夜間飛行、覓食或產卵，但如果氣溫高於活動所需的門檻，並有合適的食物被丟在附近，那麼牠們也可能變

得很活躍，並有產卵的行為。（不過，我觀察到麗蠅在夜間產下的蟲卵數量較少。）以這具屍體來說，現場氣溫遠高於活動所需的門檻，而且棄屍處是麗蠅晚上典型的休息地點。

5月14日，我一完成分析就致電特別調查處，向調查人員報告結果。在書面報告上，我載明死後經過日數的估計值。但在電話中，我也口頭說明我認為死亡時間是1992年4月25日晚上10點到午夜之間。電話那頭頓時一片沉默，我「喂」了幾聲之後，那位調查人員要我稍候一下，他請我向另一位調查人員再說明一次。我以為會聽到他們哈哈大笑，或做出其他不以為然的反應。相反的，在向第二位調查人員重述我的計算結果之後，電話那頭又陷入沉默。對方終於開口回話時，我得知他們已經過濾出一名犯罪嫌疑人。我致電之際，他們正在進行訊問。在我報上死亡時間估計值的同時，犯罪嫌疑人認罪了。他說事發時間約是1992年4月25日晚上10點半。

○　○　○

但願我能說所有案子都解決得這麼乾淨俐落，可惜多數案件並非如此。原則上，從受害者死亡到發現屍體之間，經過的時間愈久，根據昆蟲證據推算的死後間隔時間就愈不準確。即使從受害者生前最後被人看見到發現屍體只過了很短的時間，在某些案件中，其他因素也可能降低估計值的準確度。例如在

懷俄明州的一起案件中，天氣是導致情況複雜化的因素。受害者因毒品相關的指控，於1994年4月15日遭到空軍解職。他生前最後被人看見的時間約為上午11點，地點則是在猶他州雷頓市（Layton）空軍基地大門外。最後看見他的人後來變成受到調查的頭號犯罪嫌疑人。屍體約是在1994年4月17日中午被登山客發現，地點在懷俄明州卡特鎮（Carter）外。這是一座很小的小鎮，總人口數只有5人。尤因塔郡（Uinta County）警局致電懷俄明州犯罪實驗室，請他們派人處理現場。調查小組到第二天早上才能前往現場，所以屍體就留置原地過了一夜。

在科羅拉多州科林斯堡市（Fort Collins）進行解剖時，根據病理學家的觀察，受害者的雙手曾被銬在背後。他手腕上的擦傷，乃至於雙手和手肘上的幾處瘀傷，皆符合雙手被銬住的特徵。受害者胸部有一處刀傷，病理學家認為符合衣服從身上被割破的特徵。舌骨有一處斷裂，可能與徒手勒斃或頸部重擊有關。調查人員要求檢驗受害者眼球玻璃體的鉀離子濃度，以便判斷大致的死亡時間。但他被告知屍體腐爛得太嚴重，無法進行有效檢驗。受害者的嘴巴和生殖器一帶有昆蟲的卵和蛆，但這些都和胸部的刀傷無關。

1994年4月26日，空軍特別調查處的一位代表請我提供昆蟲證據的分析。我同意了，他們便用快遞將證據寄來給我。

我在5月3日收到材料：兩小瓶昆蟲標本、棄屍現場附近3個氣象站的天氣數據、25張棄屍現場的照片、一份負責解剖的

病理學家的談話紀錄、幾份顯示棄屍現場地點的地圖，以及在現場拍攝的一段影像。當你無法親臨現場時，影像紀錄對於分析犯罪現場而言彌足珍貴，但它有它的限制。晃動的畫面可能讓你迷失方向，影片上的細節也不像靜態照片那麼清楚。

　　兩瓶標本的其中一瓶是以異丙醇保存，裡頭裝了蟲卵和幾隻一齡蟲。這幾隻一齡蟲看來才剛孵化，事實上，牠們有些還沒完全孵化，仍有一部分在卵殼裡。這些蛆蟲有可能是被放進異丙醇才起了孵化的反應。第二瓶裝了放在紗布上的蛆蟲和一些蟲卵。蟲卵已經成熟準備孵化，但在被人採集之後乾掉了。蛆蟲已經開始發育，但也在採集之後乾掉了。實驗室提供了這一瓶蛆蟲的生長狀況觀察紀錄，從4月20日記錄到4月26日交寄的那一天為止。每一天的紀錄都是一樣的：「沒有變化。」由於沒有供應食物，而蛆蟲吃紗布不會長大，所以我推測牠們應該早就死了。標本的狀況嚴重妨礙我對蛆蟲和蟲卵的鑑定。牠們是麗蠅科綠蠅屬底下的某個種類，但僅憑乾燥脫水的一齡蟲和蟲卵，我無法再做更進一步的鑑定。在綠蠅屬底下，有兩個種類很常見：絲光綠蠅和藍綠蠅（ *Phaenicia coeruleiviridis* ）[3]。

　　儘管種類鑑定存疑，我還是能根據蟲卵孵化成一齡蟲所需的時間推算死後間隔時間。為了提出估計值，我必須分析棄屍現場附近幾個氣象站的氣溫數據。在1994年4月15日至18日

3　譯注：藍綠蠅學名舊稱 *Phaenicia coeruleiviridis* 、現稱 *Lucilia coeruleiviridis* ，無既定譯名，在此依其學名翻譯。

這段時間，氣溫範圍從攝氏6度到24度不等，整體的平均溫度為攝氏16度。以綠蠅屬底下的種類而言，在這些氣溫之下，只需超過24小時就能從卵孵出一齡蟲。所以，產在屍體上的蠅卵發育到一齡蟲所需的時間，就會是24小時以上。此外，綠蠅屬的蒼蠅偏好在環境氣溫高於攝氏21度的晴天產卵。4月15日記錄到的最高溫為攝氏18度，低於牠們一般的產卵門檻。接下來兩天，氣溫則在攝氏21度的門檻以上，16日的最高溫為攝氏21度，17日則為攝氏24度。以這兩天而言，適合產卵的氣溫發生在正午到晚上7點之間。

如果屍體是在4月16日置於現場，蒼蠅在這天產卵的話，蟲卵應該全都要孵化為一齡蟲才對。到了4月18日早上採集樣本時，這些一齡蟲則應處於積極取食的狀態，甚至已經發育到二齡蟲初期的階段。蒼蠅如果是在4月17日天候溫暖的期間產卵在屍體上，到了18日早上，蟲卵則恰有足夠的時間孵化成一齡蟲。以交來給我檢驗的蟲卵和蛆蟲而言，我認為此一假設符合標本的狀況。在我的報告中，我表示蒼蠅最有可能是在1994年4月17日下午產卵在屍體上。

在這起案件中，昆蟲在屍體上的活動不能解釋受害者最後被人看見到屍體被發現的時間。昆蟲活動顯示屍體只被棄置了24小時左右，屍體腐爛的程度也超乎應有的範圍。顯然，這起案件還有一些有待釐清的部分。其中一個令我困擾之處，在於受害者胸部的傷口沒有任何蟲卵或蛆蟲。雖然蛆蟲最常以人體

自然的孔竅為目標，但湧出鮮血的胸部傷口也應該吸引綠蠅屬的蒼蠅才對。其中一個可能的解釋是：基於某種原因，成蠅經過一段時間之後才有辦法接近屍體。若是如此，由於傷口的血已經乾掉，就比較不會吸引蒼蠅來產卵。

　　結果到了最終破案時，此一假設證明是正確的。凶手是在4月15日殺死受害者，接著將屍體藏在後車廂，並蓋上車蓋，直到17日早上到現場棄屍為止。蒼蠅是在17日天氣溫暖的時分產卵在屍體上，成熟的卵和孵出來的蛆是在18日早上採集。屍體還藏在後車廂裡時，蒼蠅無法到屍體上產卵。而經過這段藏屍時間之後，胸部傷口流出的血已經乾掉了。待屍體暴露在外之時，胸部這一帶就不是那麼吸引蒼蠅來產卵。

　　我對這起案件昆蟲活動時間的評估還滿準確的，但我據此推算的死後間隔時間卻不然。就某些案件而言，在昆蟲學家從既有資料分析證據時，影響昆蟲活動開始時間的因素還不是那麼明顯。很不幸的，這一點經常受到司法系統和初出茅廬的法醫昆蟲學家所忽略。我總是設法強調：我提供的估計值不是死後間隔時間，而是昆蟲在屍體上活躍的時間。這兩者往往非常接近，但也有時昆蟲活動的時間和死後間隔時間差了一大截。昆蟲學家的評估必須與案件的其他因素一併考量。昆蟲證據只是全貌的一部分，雖然常是很重要的一部分，但它本身絕非全部的真相。

5 演替的模式
Patterns of Succession

在腐化的最初兩週過後，麗蠅和麻蠅就開始離開屍體去化蛹。由於牠們通常不會回到同一具屍體上繁衍第二代，所以牠們做為死後間隔時間最小值指標的作用就降低了。這些蒼蠅離開之後，推算死後間隔時間的重點隨之轉移。最初兩週，重點在於蒼蠅個體和蒼蠅種類的發育週期；在那之後，重點則在演替模式，亦即各個腐化階段屍體本身及其周邊所有昆蟲和其他節肢動物的消長。

　　麗蠅和麻蠅的蛆蟲吃掉屍體濕潤、柔軟的組織，屍體就開始變乾，並引來鰹節蟲之類的甲蟲。牠們吃乾掉的皮膚和軟骨，但不喜歡濕潤的食物。甲蟲及其幼蟲的外殼有較好的保護，而

某些掠食蠅蛆的物種不具備掠食甲蟲的條件。所以，一旦蛆蟲消失無蹤，以蒼蠅為目標的掠食者和寄生蟲便隨之離開屍體，取而代之的是能吃甲蟲及其幼蟲的物種。某些種類的甲蟲成蟲來屍體上產卵，這些卵孵出來的幼蟲再以蠅蛆為獵物。牠們和蠅蛆通常發育步調一致，當蠅蛆離開屍體時，牠們也來到化蛹的階段。許多昆蟲的幼蟲和成蟲吃的是截然不同的食物。所以，當某一種掠食蠅蛆的昆蟲幼蟲長大之後，牠的成蟲可能只吃乾掉的屍體組織。雖然前後會有一連串不同的參與者，但除非受到干擾，否則這種模式會繼續下去，直到屍體化為白骨，屍體周邊的動物群相恢復正常為止。在屍體周邊恢復正常之前，有可能經過數月甚或數年的時間。

　　我在各種棲地進行腐化研究，取得昆蟲演替的相關數據。為了能將演替模式成功用於推算死後間隔時間，我必須仰賴這些研究得來的數據。針對發生在夏威夷以外的案件，我則必須仰賴其他人做的腐化研究。當然，理想上，屍體確切是在哪裡發現的，我最好就要有那裡的相關數據。這麼理想的情況，我只碰過一次。在那起案件中，屍體被丟在馬諾阿山谷（Manoa Valley）麗昂植物園外的一處山溝，距離我做腐化研究的現場大約只有25公尺。除此之外，屍體的發現地點總是離我的實驗現場有一段距離，我必須從既有的現場中找出最吻合的一個來。

　　在腐化初期，雖然推算死後間隔時間主要是依據個別蒼蠅種類的發育速率，但演替模式在這當中確實也有其作用，因為

多數種類的蒼蠅在屍體上都不止產卵一次。一般而言，剛開始幾天，屍體對某些種類的雌蠅具有吸引力。數日過後，屍體有了改變，對這些種類的蒼蠅來說，也就不再是有吸引力的產卵地點，改由其他種類占據屍體。但在這種轉變發生之前，由於蒼蠅已經產卵數日，從昆蟲開始活動的第一天起，因此屍體上任何一個種類的蠅蛆都會有各種不同的發育階段。隨著腐化作用的進行，這些不同的階段便一波一波繼續下去，直到最後一批蠅卵孵出來的蛆蟲完成發育、進入蛹期為止。在一具屍體上，這些不同階段的存在或不存在，可用來支持單憑一組蛆蟲的發育所推算出的死後間隔時間。

○　○　○

1985年8月26日下午5點半左右，一名慢跑者在歐胡島的卡瓦努依濕地（Kawainui Marsh）邊緣發現一具屍體。警方抵達現場後，發現死者為男性，身穿T恤和長褲仰躺在濕地邊緣，兩腳伸直，雙臂垂放於身體兩側。屍體已腐爛到無法辨識，並遭蛆蟲嚴重侵襲。下腹遭蛆蟲咬開，褲子褪至大腿中間，但仍牢牢穿在他身上。屍體附近發現一頂帽子，帽舌右上方看起來有個彈孔；後來證實這頂帽子歸受害者所有。

8月27日早上在停屍間進行解剖時，我第一次見到這具屍體。一走進解剖室，我立刻注意到一股濃烈的阿摩尼亞味。屍

體的皮膚也變得綠綠的，我從這次經驗學到，這種變色現象和屍體浸水有關。頭部只剩顱骨，儘管兩側還黏著一點皮膚，而且兩耳大致上完好無缺。胸部上半部已化為白骨，內有一大群已發育至後期的蛆蟲。鼠蹊一帶也都腐化殆盡，這裡既有初期剛發育的蛆蟲，也有已發育到後期的蛆蟲。腹腔依舊完好無缺，尚未遭到蛆蟲侵襲。四肢也有蛆蟲，但還沒聚集成集體取食的蛆團。死亡原因據說是頭部遭到槍傷，法醫宣告本案為他殺，但屍體上並未找到子彈碎片或完整的彈頭。

採集樣本並加以處理後，我便帶著蛆蟲回到實驗室。初步的檢查顯示這些蛆蟲至少有兩個種類，兩種都有幾個不同發育階段的樣本為代表，顯示成蠅先後在不同的時間產卵。我很容易就能辨識出其中一個種類是紅顏金蠅，因為這種麗蠅的蛆蟲體表有特色鮮明的肉棘。肉棘讓牠們顯得獨樹一幟，不同於其他在夏威夷發現的蛆蟲。此一種類大量聚集在胸腔和鼠蹊一帶，以及四肢。我從胸腔和鼠蹊採集的樣本是二齡蟲和三齡蟲，四肢上的則為後食期的三齡蟲，長度為12到15公釐。以既有二齡蟲也有三齡蟲的樣本來說，這種種類不具備紅顏金蠅特有的肉棘，而其中最成熟的三齡蟲長度為14到16公釐。儘管大量出現在胸部和鼠蹊，我在手腳的部位並未找到同類的樣本。我將樣本放到牛肝上，用恆溫恆濕機把牠們飼育至成蟲期。我懷疑這些蛆蟲應該是腐化初期在夏威夷常見的另一種麗蠅，即大頭金蠅。成蠅破蛹而出之後，證明我猜得沒錯。

　　在我早期的研究生涯中，我曾在實驗室裡人為控制的條件下，研究過這兩個種類的生活史。根據先前得來的數據，我推斷紅顏金蠅長到15公釐長的後食期蛆蟲，需要的積溫時數約為2,820ADH。大頭金蠅的蛆蟲長到14至16公釐，需要的積溫時數則為2,725ADH至2,939ADH。數值很合理，因為這兩個種類大約同時抵達屍體。大頭金蠅通常比紅顏金蠅早一點到，照理說，屍體上大頭金蠅的成熟蛆蟲應該多一些。大頭金蠅的樣本數量之所以沒有那麼多，可能是因為紅顏金蠅的蛆蟲發育到後期往往會變成掠食者，而牠們最愛的獵物似乎就是大頭金蠅。為了調整實驗室數據，以符合棄屍現場的條件，我用了卡內奧赫（Kaneohe）海軍陸戰隊軍營氣象站的氣溫數據，該氣象站距離棄屍現場不到兩哩。在相對應的時段內，該氣象站的氣溫介於攝氏24到26度之間。根據這些數值，在屍體被發現之前經過的死後間隔時間，估計是5天左右。

　　除了最成熟的蛆蟲樣本所需的發育時間以外，我也將這兩個種類的蛆蟲所代表的不同發育階段納入考量。我拿這些階段和既有的研究結果兩相對照。在歐胡島上某個類似該棄屍地點的棲地，我進行過腐化研究的實驗，實驗到第四天，屍體上既有大頭金蠅的蛆蟲，也有紅顏金蠅的蛆蟲，而且一齡蟲、二齡蟲、三齡蟲皆有。到了第五天，屍體上則只有這兩個種類的二齡蟲和三齡蟲。在同一天第二次採樣時，我採集到紅顏金蠅後食期的三齡蟲。到了第六天，屍體上只剩這兩個種類的三齡蟲。

這些數據全都支持「屍體被發現之前大約經過5天」的死後間隔時間估計值。

死者身分確認之後，我估計的死後間隔時間顯然很符合實際情況。最後見到受害者的是一名家屬，時間則是在屍體被發現的5天前。受害者於晚間6點左右去上班，但卻未按時於8點出現在工作崗位上。一名犯罪嫌疑人遭到指認，並被控二級謀殺罪，隨後在1989年獲判有罪。

○　　○　　○

在麻蠅和麗蠅之後抵達屍體的昆蟲數量和種類，對死後間隔時間的估算有其重要性。另一起顯示這種重要性的案件，是在歐胡島懷皮奧谷（Waipio Valley）H-2高速公路旁的鳳梨田發現的一具屍體。屍體被人發現時，我正好去美國本土出差，不在夏威夷群島，所以無法在搬移屍體前親臨現場。1989年10月16日早上出差回來後，我前往市郡殯儀館檢查屍體，並進行採樣工作。屍體腐化得相當嚴重，剛開始連性別的判斷都有困難。腐化的階段看起來介於「後腐敗期」和「骨骸期」之間。死者當時身著短褲和無袖背心。

屍體上昆蟲種類之多令我嘆為觀止。我在右眼上方發現一堆麗蠅科紅顏金蠅的空蛹。在一片開闊的鳳梨田上，屍體腐化到第十七天時，所有樣本都應該完成發育、化為成蠅飛走，只

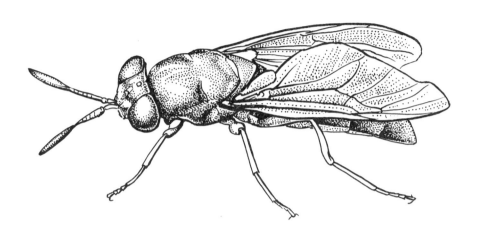

黑水虻的蛆蟲（下圖）和成蠅（上圖）

留下空蛹。所以，我很確定被害人死後至少已經過了17天。我
在屍體上還看到幾種別科的蒼蠅。我採集了其中一種麻蠅的三
齡蟲，體長15至16公釐。麻蠅偶爾會在腐敗後期將蛆蟲產在
屍體上，尤其如果周圍環境很潮濕，而這具屍體的情況就是如
此，所以這些蛆蟲的存在並非完全出乎意料。

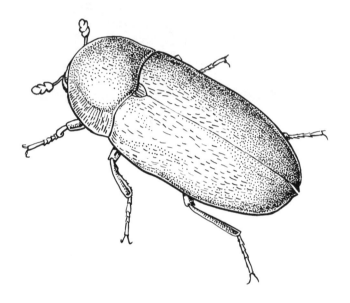

鰹節蟲科白腹鰹節蟲的幼蟲（下圖）和成蟲（上圖）

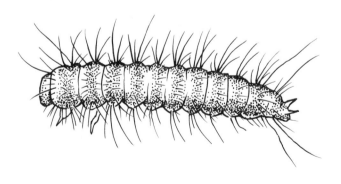

　　我也在屍體上發現酪蠅的蛆。將蠅蛆飼育至成蠅階段之後，我認出牠們是鎧氏酪蠅（*Piophila casei*）。在夏威夷，這種蒼蠅常見於腐屍上，但要到死後約36天才會出現。將我採集的樣本放進飼育箱之後，牠們在一天內就進入蛹期。所以，我把時間往前推，估計死後間隔時間大概稍微超過一個月。屍體上也有斑蠅科（Otitidae）[1]的蠅蛆，斑蠅亦稱彩翅蠅（picture-winged fly），這些蒼蠅在腐敗後期也很常見，但過了37天之後，屍體上通常不會發現牠們的蛆。另有一個種類特別重要：黑水虻（*Hermetia illucens*，俗稱black soldier fly），代表牠們的樣本是長10到14公釐的蛆。通常要到死後至少20天，這種蒼蠅才會被腐屍吸引過來。所以，這麼大隻的黑水虻蛆蟲也表示死後間隔時間約有一個月了。有鑒於我先前在實際案件和腐化研究中處理此一種類的經驗，我懷疑這些蛆蟲不是最成熟的樣本。與這具屍體相關的黑水虻中，最成熟的蛆蟲可能在屍體下方的土壤中，而且有可能還在現場。

　　屍體上的甲蟲也顯示死後間隔時間拉得較長。例如取食乾燥皮膚和軟骨的白腹鰹節蟲，在屍體上既有牠們的幼蟲，也有牠們的成蟲。屍體上也有兩種郭公蟲的成蟲，數量最多的是雙色琉璃郭公蟲（〔*Necrobia ruficollis*〕俗稱赤頸郭公蟲〔red-shouldered ham beetle〕）的成蟲，我常在屍體上發現這種甲蟲，但數量通常不大。還有一種是赤足郭公蟲（*Necrobia rufipes*，俗稱red-legged ham

---

1　譯注：斑蠅科學名舊稱Otitidae，現稱Ulidiidae。

beetle），牠們的數量也很多。以死亡一個月左右的曝屍而言，出現大量的赤足郭公蟲是很典型的現象。由於我在屍體上沒看到這兩種甲蟲的幼蟲，所以我認為牠們的幼蟲可能還在土裡。屍體上也有一種隱翅蟲，為長角隱翅蟲（*Philonthus longicornis*）[2]的成蟲，但沒有幼蟲。

在屍體上的昆蟲群相中，還有一個意外的訪客，那就是蟋蟀的幼蟲和成蟲。經由昆蟲學系一位專攻直翅目（Orthoptera）系統分類學的博士生協助鑑定，這些蟋蟀是濱海眉紋蟋蟀（*Teleogryllus oceanicus*）[3]。我很少在屍體上看到蟋蟀，大量出現的盛況更是前所未見。多數蟋蟀為雜食性，所以看到牠們吃屍體也不足為奇，但在這起案件中，蟋蟀的數量多得驚人。

總而言之，依據我在停屍間檢查屍體的結果，我推斷死後間隔時間約莫稍微超過一個月。此外，現場可能還留有很大一部分未經採集的昆蟲。屍體移走之後，有些昆蟲自然會離開現場。但經過大約一個月的腐化，腐化產生的液體應該已經滲透到底下的土壤中，足夠為許多留置現場的昆蟲供應食物。我絕對有必要盡快到現場看一看。在主責本案的調查人員協助下，我得以安排在16號下午到現場和鳳梨公司的一名主管見面。屍體被移走時，他人就在現場，所以能夠輕而易舉指出屍體的確切位置。陳屍地點靠近通往鳳梨田的一條岔路，從主要道路很

2　譯注：長角隱翅蟲無既定譯名，在此依學名翻譯。
3　譯注：此一種類無既定譯名，在此依其學名翻譯。

容易就能過去。現場的鳳梨植株遭人踩爛,有可能是調查人員踩的;此外也出現變色,可能是屍體腐化流出的液體所致。

　　一到現場,我很容易就能看出屍體倒臥的位置。在屍體腐化產生的液體滲透之下,土壤的顏色和質地與周遭鄰近區域不同,而且該處仍有一股強烈的腐臭味。我立刻注意到這一帶有大量蟋蟀出沒。結果證明,這些和我在停屍間採集到的成蟲和幼蟲樣本一樣,皆為濱海眉紋蟋蟀。我也從土壤中採集了幾個不同種類的隱翅蟲。

　　在緊臨陳屍位置的土壤表面,散布著一些麗蠅科紅顏金蠅的空蛹。這些空蛹的存在,與此一種類典型的行為模式相符——有些蛆蟲個體會在屍體上化蛹,有些則會離開屍體,到土壤表面化蛹。我也從陳屍處的土壤表面採集到金龜子的成蟲,種類為紫褐蜉金龜(*Aphodius lividus*)[4]。如我所料,土壤中也有大量黑水虻的蛆蟲。而且,比起我從停屍間採集的樣本,這些蛆蟲似乎已發育到更後期的階段。許多我認為可能出現在現場的樣本,通常會在底下的土壤中,而不是在土壤表面。為了採集這些昆蟲,我從陳屍處及緊臨的區域取走土壤樣本,鳳梨公司的主管在一旁看得一頭霧水。

　　當天傍晚回到實驗室後,我將土壤樣本放進柏氏漏斗,篩出土壤中的節肢動物。當時,校方為我的研究室分配了一個額

4　譯注:此一種類無既定譯名,在此參酌其外貌特徵及拉丁文學名翻譯

外的小房間，專門用來做柏氏漏斗的採集之用。照理說，裡頭的空氣應該會直接抽到外面，而不是進入大樓的中央空調系統之中，至少在建築設計圖上是如此。但到了第二天早上8點，大樓裡到處彌漫一股惡臭。顯然，這個房間實際上與中央空調系統相連。那天早上到校時，我成了不受同事歡迎的人物。

在緊繃的氣氛之下，我把樣本從柏氏漏斗倒出來，檢查裡頭的節肢動物。除了我從屍體上採集到的蛆蟲之外，我也發現蛾蚋科的蛾蚋幼蟲，以及比較大隻的黑水虻幼蟲。先前在潮濕棲地的腐化實驗中，我曾看過蛾蚋科的幼蟲於後腐敗期晚期出現在屍體上。黑水虻的幼蟲比我從屍體採集到的更成熟，最長的有23公釐。

而土壤樣本中的甲蟲種類比屍體上還多。除了我在現場採集到的紫褐蜉金龜成蟲以外，土裡也有這種金龜子的幼蟲。儘管從土壤樣本中沒有過濾出其他種類的鰹節蟲，但我確實找到更多種類的隱翅蟲。除了長角隱翅蟲以外，尚有盤狀隱翅蟲（*Philonthus discoides*）和艾氏隱翅蟲（*Thyreocephalus albertisi*）的成蟲。大隱翅蟲（*Creophilus maxillosus*）是體型很大的一種隱翅蟲，儘管我沒發現此一種類的成蟲，但我確實發現了牠們的幼蟲，連同背筋隱翅蟲屬（*Oxytelus*）底下一個小型種類的幼蟲。現場只有這兩個種類的幼蟲，再次顯示死後間隔時間剛過一個月。另外3個種類只有成蟲的現象，雖時段相符，但對時間的界定不具重要性。土壤樣本中也有另外兩種閻魔蟲的成蟲：羅氏閻魔蟲

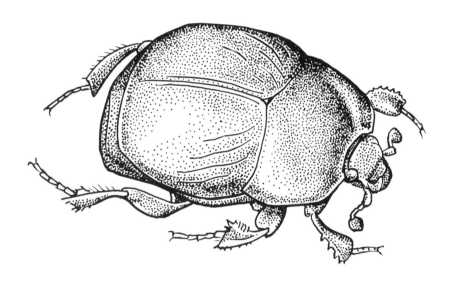

閻魔蟲科黑背閻魔蟲的幼蟲（下圖）和成蟲（上圖）

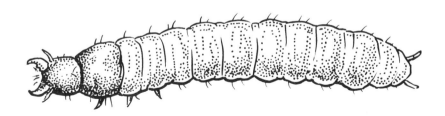

（*Atholus rothkirchi*）和黑背閻魔蟲（*Saprinus lugens*）。此外還有一些閻魔蟲的幼蟲，我無法判別確切的種類。[5]

除了土壤樣本中的昆蟲以外，我也發現其他幾種節肢動物，包括一個無尾鞭蠍[6]的樣本。這是一種非常小的土棲掠食動物，長約一公釐，在夏威夷最常出現於農耕地帶。我也鑑定出一隻「麼蚰」（〔symphylid〕結閥綱動物），一種長得很像小型蜈蚣的節肢動物，牠們不吃其他動物，而是以植物的根為食物。樣本中也有幾種革蟎（gamasid mite）。有一些是巨鋏蟎科的成員，以蠅卵和年輕的蛆蟲為獵物。這些蟎蟲絕對與屍體有關。尾足蟎科（Uropodidae）的蟎蟲也是，牠們吃與腐化作用相關的小型線蟲。

整體而言，與這具屍體及陳屍現場有關的生物一共有23種。在整個過程中，牠們都未積極參與腐化作用，但牠們每一個都在特定的時間扮演重要的角色。

現在，我面臨的問題是要解讀節肢動物證據，以提出個人的看法。首先，我挑選環境條件最接近那片鳳梨田的腐化研究地點，結合兩項研究得來的數據——其一是在鑽石頭山進行實驗，其二則是在馬諾阿分校的校園內。這兩項研究都有相同的環境條件和節肢動物種類。以種類和發育階段而言，我從鳳梨

5　譯注：本段當中，盤狀隱翅蟲、艾氏隱翅蟲、羅氏閻魔蟲、黑背閻魔蟲皆無既定譯名，在此參酌原文學名及該種類特徵翻譯。

6　譯注：無尾鞭蠍（tailless whip scorpion）又稱為鞭蛛或蠍蛛，為蛛形綱鈍尾目之節肢動物。

田和屍體上採來的樣本，情況和這兩個地點實驗達30至40天時一樣。為了縮小範圍，我以黑水虻為準，比對牠們的發育時間和現場最成熟的樣本，看看牠們發育到這個階段需要多少時間。鳳梨農架設的氣象站提供了鄰近田地的數據，我再根據相關的氣溫數據做調整。經過計算，我將估計值縮小到34至36天，亦即在1989年10月13日屍體被發現前，經過了34至36天。

由於已經腐化得很嚴重，屍體的身分難以確認。經比對牙齒紀錄，受害者證實為1989年9月15日通報失蹤的一名男性，生前最後被人看到是在1989年9月8日。1989年9月13日，他的貨車在一處停車場被找到，車內血跡斑斑。從他生前最後被人看到，直到屍體被人發現為止，中間經過了36天。

○　○　○

在前述兩起案件中，我用昆蟲的種類和發育階段推斷死後間隔時間。我也碰過某個種類缺少某些生命週期的案例，結果證明缺乏的部分恰是關鍵證據。在其中一起諸如此類的案件中，我面對的是一副約莫30個月大的兒童遺骸，於1984年6月24日自可可角火山口（Koko Head Crater）旁的墳堆中挖出。死者是個小女孩，她被埋在俯瞰恐龍灣（Hanauma Bay）和太平洋的一小塊懸崖突岩上。搜出屍體的檀香山警局人員表示，遺骸上頭覆蓋著薄薄一層泥土和碎石，有些骨頭暴露出來，散落在墳堆表

面。有4個小填充玩偶和屍體埋在一起。

　　隔日，我前往市郡殯儀館檢查遺骸。由於骸骨上顯然沒有昆蟲，法醫一開始不認為我對破案能有什麼貢獻，但他還是聯絡我，並請我檢查遺體。

　　一看到遺骸，我立刻就發現法醫在評估昆蟲活動的程度時，漏掉了一些很重要的線索。屍體上只有少數幾種昆蟲，但牠們還是能為死亡時間提供證據。女童遭埋時身穿粉紅色連帽外套和粉紅色運動鞋，這身裝束協助警方做出初步的身分鑑定。遺骸被發現時，外套的帽子被拉到頭部一帶，帽子裡有土，還有頭顱腐化產生的副產品。檢查顱骨時，我發現殘餘的頭皮底下有幾個紅顏金蠅的空蛹，但沒有完好無缺的蛹殼。這表示死後間隔時間超過17天。顱骨上也有白腹鰹節蟲的成蟲以及牠們的幼蟲蛻掉的皮，但我在整副遺骸上都找不到這種甲蟲的幼蟲或蟲蛹。看看頭皮上髮根的位置，我發現窗虻科（Scenopinidae）的一種幼蟲。以夏威夷來說，在乾燥的條件下，窗虻的幼蟲通常要到死者死後40天以上，才會出現在腐化的遺體上。比對我在鑽石頭山做的實驗，我從女童身上採集到的樣本尺寸，相當於腐化48至51天豬屍上採集到的樣本。女童的右腳仍穿著一隻運動鞋，並有部分木乃伊化的情形。我在這隻腳上發現赤足郭公蟲的成蟲，以及黑背閻魔蟲的成蟲。

　　除了從遺骸上採來的樣本，還要考量外套帽子裡的土壤和腐化副產品。我先用實驗室的解剖顯微鏡檢查這些物質，接著

再放進柏氏漏斗48小時，採集還在土壤中的微小標本。透過解剖顯微鏡，我辨識出更多鰹節蟲科的甲蟲蛻下來的皮，以及更多的窗虻幼蟲。柏氏漏斗則過濾出更多窗虻的幼蟲，以及一些不同種類的蟎蟲。當中有幾種為掠食性的蟎蟲，包括巨鋏蟎科底下的兩個種類，牠們吃蠅卵和蠅蛆，也吃小型的土棲節肢動物。有兩個種類的蟎蟲樣本只有雌性成蟲，牠們是糞巨鋏蟎（*Macrocheles merdarius*）和美利堅巨鋏蟎（*Glytholaspis americana*）[7]。我也在土壤樣本中發現尾足蟎科（Uropodidae）的幼蟲和成蟲。這些蟎蟲普遍是吃與腐化作用相關的線蟲。屍體下方的土壤中也有腐食酪蟎（*Tyrophagus putrescentiae*），這是薄口蟎屬（*Histiostoma*）底下一個有待鑑定的種類，另外還有橫紋粉蟎（*Czenspinkia transversostriata*）[8]，牠們皆以腐化作用的副產品為食物。

　　這些林林總總的種類分析下來，我初步估計從死者死亡到遺體採樣之間，經過了51天到76天。接下來，我開始更仔細地檢驗昆蟲活動的模式和生命週期。窗虻的幼蟲表示時間長達48到51天。我在類似棲地進行的腐化研究中，最後一隻出現在屍體上的白腹鰹節蟲幼蟲，是在死後51天採集到的。兩種巨鋏蟎科的蟎蟲只有成蟲存在，則符合死後間隔時間22至60天

7　譯注：糞巨鋏蟎和美利堅巨鋏蟎無既定譯名，在此依其學名翻譯。

8　譯注：即 *Calvolia transverostriata*，為荷蘭動物學家Anthonie Cornelis Oudemans於1931年發現的種類，屬於粉蟎科，無既定譯名，在此依其學名翻譯。

的現象。我估計來自外套帽子的樣本每毫升有97隻蟎蟲。根據既有的腐化研究，此一數量符合死後間隔時間48天至51天的現象，而樣本中的粉蟎數量則顯示時間超過48天。在最後的分析中，結果證明最關鍵的要點有二：一是樣本中「沒有」白腹鰹節蟲的幼蟲，二是樣本中幼蟲蛻下來的舊皮狀況良好。在類似棲地進行的腐化實驗中，我是在受試動物死後51天看到最後一隻幼蟲。幼蟲的皮一蛻掉就會變得很脆弱，這些舊皮要是暴露在土壤表面，狀況很快就會惡化。我採集到的舊皮狀況相當良好，而且很容易就能鑑別種類。舊皮的狀況顯示暴露的時間很短，我估計死後間隔時間略超過52天。

在我分析樣本的同時，警方的調查人員忙著處理相互矛盾的證詞。5月3日，女童的父親報案說他的女兒遭兩名男子綁架，他們於5月2日晚上闖進他家，強押他和女兒上車。根據這名父親的說法，兩人被載至檀香山唐人街一帶，其中一名綁匪將他拖下車打了一頓，旋即載著他女兒離開。被打傷的父親到一間地方醫院接受治療。這一切都發生在屍體被發現前51天。新聞媒體報導這起案件時，兩名男子出面表示是他們打了當事人，不過是那名父親付錢要他們這麼做的。他們通常願意無償提供這種服務，但這次既然拿了錢，也就打得特別賣力，這才把人打進了醫院。

面對這番供詞，那名父親改口說他在5月2日帶女兒去健行，沿著可可角火山口的峭壁往上爬時，他滑了一跤，孩子就

從10呎高的懸崖掉了下去。他從懸崖突岩往下爬，發現孩子還有呼吸，但動彈不得。他坐在她身旁，她的呼吸和心跳愈來愈微弱。他無法讓她甦醒，後來她就死了。他蓋了點土到屍體上，就近掩埋。第二天，他擔心遭到起訴，便謊稱女兒遭人綁架。警方不相信事出意外的說法，以謀殺罪嫌向那名父親發出逮捕令。

被捕之後，那名父親的說法變來變去。到了本案開庭時，整件事唯一不變的就是我推算的死亡時間。檢方和辯方律師對我推算的時間都很滿意，因為這個時間對他們兩方的策略都很合適。

第一次現身刑事法庭時，我必須說服法官和陪審團相信：透過檢視甲蟲幼蟲蛻下來的皮，謀殺案的一個關鍵要點就能獲得解釋。這不僅是我第一次以專家證人的身分出庭，也是昆蟲證據首次在夏威夷州的謀殺案審判中被採用。就許多方面而言，這起案件是很理想的處女秀。雙方要我確立的死亡時間一模一樣——在我所有的出庭經驗中，這還是絕無僅有的一次。原本我是受到辯方的傳喚，但後來檢方也來徵詢我的意見。在和雙方會面的過程中，我向兩造律師說明了利用昆蟲和其他節肢動物推算死後間隔時間的基本概念、我在進行腐化研究時所使用的技巧，以及我如何得出對本案的結論。幾次面談過後，我自信滿滿地出庭，不覺得有什麼疑慮。畢竟，雙方律師要的都是一樣的證詞。然而，我的自信很快就遭到打擊。

　　首先，我必須在昆蟲學領域備有充分的專業資格。基於不明原因，只有昆蟲學博士學位是不夠的。當時我對訴訟程序沒什麼概念。我所有的學經歷和論著列表都必須呈上法庭。我向雙方律師各提供了一份我的簡歷，基本上，他們就是輪流在法庭上將這份簡歷念出來。包括法官在內，沒人了解什麼條件構成昆蟲學的專業。到第一個小時結束時，我不確定自己有沒有資格為死亡時間作證。4小時過後，我在昆蟲學領域的專家資格終於確定了，我開始提出我的證詞。

　　很不幸的，在開始作證時，我發覺雙方律師都不知道我在說什麼。他們只約略知道此事涉及昆蟲，以及我算出一個死亡時間。然後還有一個出乎意料的問題是法庭的書記官，多數我用的詞彙她聽都沒聽過。於是我花了很多時間將專有名詞的拼法念給她，以便她做記錄。我相對迅速地提出我的結論，交叉質詢的部分少之又少，而且氣氛和諧，因為雙方律師都希望我的證詞獲得採納。但即使對女童死亡的日期有共識，法官還是不接受被告的說法。他獲判謀殺罪，目前在服無期徒刑。

6 | 埋屍和藏屍
Cover-ups and Concealments

在夏威夷群島的許多地方，布滿火山岩的地表讓埋屍變得很困難，而且很花時間。但在夏威夷群島的其他部分，乃至於世界各地的許多地區，埋屍都是普遍的藏屍手法。

即使埋得很淺，埋屍的效果也很明顯。每年我都會到維吉尼亞州匡堤科（Quantico）的聯邦調查局學院（FBI Academy）教授「人類遺骸搜尋及還原」（Detection and Recovery of Human Remains）課程。授課期間，我將50磅重的豬屍置於不同的條件下，向聯邦調查局探員展示各種情況下腐化作用的差異。埋起來的豬屍總是和其餘豬屍呈現極鮮明的對比。1998年5月的課程中，我在聯邦調查局學院後方的林地放了5隻死豬，並且分別置於不

同的區塊。第一隻用地毯包起來，地毯兩端敞開，讓昆蟲得以進入。第二隻純粹就是丟在地上。第三隻吊掛在一棵樹上，與地面沒有接觸。第四隻放在地上，稍微用樹枝蓋起來。第五隻埋在土裡，但只埋了一吋深。課程開始前，我在星期四中午把豬屍擺出去，待下週一開始上課時，學生就可以看到一些腐化的現象。到了星期一早上，除了埋起來的那一隻，所有豬屍都已引來大量非常活躍的昆蟲。至於埋起來的那一隻，就連蒼蠅都要到 7 天以後才開始被吸引過來。這時，其他豬屍已經只剩皮膚和乾掉的軟骨了。

o　o　o

我第一次見識到藏屍或埋屍對腐化造成的延遲作用，是在1988年12月31日下午。那天下午，檀香山市郡的法醫打電話給我，表示警方認為他們發現了一具失蹤女性的遺體。那名女性住在歐胡島北岸的卡胡庫（Kahuku），大約兩週前從家裡失蹤。他們請我和法醫見面，並隨同法醫一同前往歐胡島北岸的現場。當時我的岳父母恰好來度假，我們打算共進晚餐，還要一起慶祝跨年。所以，當其餘家人為了進城吃大餐盛裝打扮時，我換上我專為這種場合準備的服裝。這身服裝設計得既舒適，又看不出我在工作時勢必要沾上的污漬。

我必須承認，想到要騎著摩托車逛北海岸，我的心情其實

還不錯。我和法醫約在卡內奧赫（Kaneohe）鎮郊的廟谷紀念公園（Valley of the Temples Memorial Park）附近。由於法醫對這一帶不熟，所以我騎著摩托車帶路。沿著海邊愉快地兜風了45分鐘後，我們來到美東水產養殖場（Amorient Aquafarms）北邊，在卡美哈梅哈公路（Kamehameha Highway）和一條支線的交叉路口附近，和檀香山警局的一名員警碰頭。那條支線道路通往大海，沿路是一座高爾夫球場和幾片草地，草地最終沒入樹叢之中。零星的幾棟房屋彼此相隔甚遠，而且它們的視野被濃密的銀合歡樹擋住。這一帶分布最多的樹就是銀合歡樹。案發現場用黃色膠帶隔開，巡警和刑事調查人員在那裡等我們。

　　屍體被毯子裹住，在草叢中藏得很好。要不是當事人的朋友找得很勤，這名失蹤女性可能就一直神不知、鬼不覺地被丟在那裡。死者與丈夫的關係不睦，她的朋友知道她丈夫常往這裡跑，所以將這一帶搜遍。我們抵達時，裹屍還沒被搬動過。其中一名搜救人員解開了裹屍毯的一角，看到了貌似是人手和手腕的東西。但除此之外，整副裹屍都原封未動。屍體一帶和裹屍毯外側都有許多成蠅。儘管沒人動過屍體，但有很多人在這一帶走動。一完成現場相關的處理，照片也都拍好了之後，我就請所有人遠離屍體，讓蒼蠅回來停留在毯子上。由於許多蒼蠅憑蛆蟲很難鑑定種類，但成蠅就相對容易鑑定，所以我想採集一些屍體周遭的成蠅。在蛆蟲飼育至成蟲期之前，這些現成的成蠅可為牠們的種類提供線索。大約15分鐘後，我慢慢接

近屍體，開始用捕蟲網在屍體和旁邊的草叢上揮來揮去。完成採樣並將昆蟲裝進容器之後，裹屍就被移到路邊以便檢驗。

整副裹屍移出來後，我們就看清更多細節了。屍體用一條厚重的褐色毯子包了起來，毯子兩端折起並塞到底下。兩端都用Ace彈性繃帶綁牢封好。為了保留凶手打的結，鑑識人員小心翼翼地移除繃帶，再將毯子攤開。底下還有第二條白色的毯子，裡面這條毯子上有一隻很大的蜈蚣在摺縫間爬行。協助解開裹屍的員警看到蜈蚣就討厭，轉眼間這隻蜈蚣已所剩不多，我也不必費事採集了。裡面的毯子解開後，我們看到屍體頭部發黑、腹部浮腫。乍看之下，屍體上沒有明顯受創的跡象。在類似此處的潮濕地帶，隨著屍體腐化，外層皮膚會脫離底層的組織。移動屍體時，外層皮膚剝落，屍體隨之皮肉分離。本案例有明顯皮膚剝落的現象，尤其是在雙臂和雙腳。

我在外層的毯子外側發現一大團蠅卵，以及不少完好無缺的蠅蛹。從牠們特色鮮明的肉棘，我立刻就能判斷後者有一些是麗蠅科紅顏金蠅的蛹。其他看起來也是麗蠅的蛹，但屬於另一個不同的種類。在內層毯子的外側，我發現更多這兩種麗蠅的蛹。內層的毯子上也有麗蠅的蛆。掠食性的黑背閻魔蟲在內層毯子的外側掠食蠅蛆，這些蠅蛆是進入後食期的三齡蟲，正試圖離開屍體化蛹。我從屍體上採集了所有蠅蛆的代表樣本，以及許多完整無缺的蠅蛹。此外，我從屍體底下盤根錯節的植被中採了土壤樣本。看起來，裹屍被棄置在此時，這些樣本絕

大多數都還活著。

　　我帶著樣本回到我在夏威夷大學的實驗室。待我完成樣本的初步處理時，時間已是晚間7點，餐廳訂位是一小時後。我開車越過島上，回家梳洗更衣，接著再及時趕回檀香山市區，加入大家的行列共進晚餐，一起慶祝跨年。

　　直到1989年1月3日早上，法醫才進行驗屍。解剖過程中，我又從屍體上多採了一些樣本，不過皆未發現任何棄屍現場所沒有的種類或發育階段。屍體上有4種麗蠅，其中大頭金蠅的樣本是二齡蟲、三齡蟲和完整無缺的蟲蛹。蛆蟲的分布範圍僅限於屍體本身，但蟲蛹則在屍體上、兩層裹屍毯之間和毯子外側都有。我也在屍體上發現紅顏金蠅的三齡蟲，分布的部位和大頭金蠅一樣。此外，我觀察到紅顏金蠅比大頭金蠅有更多後食期的三齡蟲。我採集到的麗蠅種類還有絲光綠蠅和銅綠蠅，這兩種則只有三齡蟲。我從棄屍現場和周遭草叢都採到了這4個種類的成蠅。

　　如我所料，從屍體底下採來的土壤樣本，沒有過濾出任何與腐化作用相關的節肢動物。屍體包裹得太好了，腐化相關種類在後食期之後跑不出來，地上只有植食性的種類。

　　不管是在屍體上或屍體周遭都沒有任何蒼蠅的空蛹，我覺得這一點很重要。那表示我採來的蛹是從第一批產在屍體上的卵發育而來，而從卵到成蠅所需的發育時間，大約就等於昆蟲開始在屍體上活動之後經過的時間。我密切觀察我在實驗室

裡飼育的蠅蛹，第一隻破蛹而出的是大頭金蠅的成蠅，時間則是1989年1月2日凌晨3點。48小時後，又有9隻同一種類的成蠅和一隻紅顏金蠅破蛹而出。絲光綠蠅和銅綠蠅都沒有成蠅破蛹而出。比對我在實驗室人為控制的條件下飼育大頭金蠅的數據，我判定大頭金蠅從卵到成蠅需要的積溫時數為6,415 ADH。以本案來說，蠅蛹以攝氏26度放在實驗室的恆溫恆濕機裡，成蠅經過858ADH後破蛹而出，剩下的5,557ADH即為蒼蠅待在屍體上的時間。

依現場的環境氣溫調整數據還滿簡單的，因為在美東水產養殖場就有一座NOAA氣象站（說來諷刺，該氣象站的編號恰為911），距離犯罪現場大約半哩。我比對現場和氣象站的溫度，發現沒有顯著的差異。完成現場發育所需的時間是5,557ADH，用來自氣象站的數據換算下來，我判斷5,557ADH相當於10.5天，亦即昆蟲的活動是在屍體被發現前10.5天開始的。

經由訪談目擊證人，調查人員推斷死者生前最後被人看到是在找到屍體前13天。當時她和關係失和的丈夫在卡胡庫區的家中。那天下午，一名鄰居聽到尖叫聲和碰撞聲，聽起來像有人被推了一把撞上椅子。當天稍晚，有人看到她和丈夫在他的皮卡車上，她一動也不動地坐在副駕駛座，頭部往後仰。我用昆蟲活動估算出的死後間隔時間有2.5天的不明落差。我推測是屍體被毯子裹住，推遲了蒼蠅接近屍體的時間，也因而延遲了昆蟲開始活動的時間。在交給法醫的報告中，我提出10.5天

的昆蟲活動日數估計值，並指出屍體被兩層毯子裹住，昆蟲開始活動的時間可能因此延遲。

　　法醫、檀香山警局和本案的檢察官都認同我的報告。那名與受害者失和的丈夫被控謀殺罪，法庭也排定了審判的時程。在法庭上，辯方律師提出昆蟲活動有 2.5 天的不明落差，死者有可能是在期間遭到別人的毒手。辯方律師在開庭前找我談過，他仔細問了關於此一落差的問題，並問我能否估算得更準確。由於後續他又打電話來連番追問，我決定做個相對簡單的實驗，進一步釐清這個問題。

　　我從位於歐胡島迎風面的一家商業屠宰廠，取得一頭50磅重的豬，並仿照一樣的方式用兩層毯子裹住豬屍。接下來，我得找一塊類似棄屍地點的棲地，結果發現我家雜草叢生的後院就很適合。我把豬屍放在圍籠裡，看蒼蠅要花多久才能鑽進毯子，到豬屍上產卵。我每隔4小時就去檢查豬屍。檢查的過程中，我小心翼翼地用網子將自己和豬屍罩住，以免蒼蠅趁機接近豬屍。

　　實驗期間發生了幾件事。首先，我得到家中寵物的大力支持。包括我的狗和我女兒的貓在內，牠們似乎認為多年來我終於做了一件有用的事。我發現我的妻子和女兒對我出乎意料地寬容。我也很訝異我的幾個鄰居會那麼好奇我在自家後院做的事。幾年後，本案改編成電視節目，同樣的鄰居又從窗簾後窺看。為了拍到每一個角度的鏡頭，我一遍又一遍為另一隻死豬

裹上毯子又攤開，讓鄰居盡情觀賞我的精采表演。

　　從原來的那次實驗，我得知成蠅花了2.5天鑽進毯子到豬屍上產卵。加上昆蟲發育的時間，從那名女性生前最後被人看到，算起來整整過了13天。

　　　　　　　　　　○　　○　　○

　　如前案所示，屍體相對完整地包裹起來，明顯推遲了昆蟲活動開始的時間。但如果包得不嚴密，延後的效果似乎就不明顯。在其中一個諸如此類的案件中，一具衣著完整的屍體以汽車車罩包裹，在檀香山市老懸崖路（Old Pali Road）下方一條熱門的溪流附近被發現。受害者是一名男性，身受槍傷，屍體被丟到馬路外面。1996年6月3日，一名男子和他兒子沿著那條路的路肩散步，發現了屍體。上一次散步時，他就注意到那一團汽車車罩，不過並未多想。這一次，蒼蠅繞著車罩嗡嗡飛，而且路上彌漫一股無庸置疑的腐屍味。

　　法醫打電話請我去現場一趟，我在上午11點半左右抵達。屍體位於馬路下方的陡坡上，檀香山消防局的一支救難小組放下梯子，以便接近屍體。連同汽車車罩，消防隊員將整副遺體原封不動地搬到馬路上。犯罪現場鑑識人員一開始拍照和採樣，我就爬下梯子去採集土壤和植物樣本。地方媒體很早就趕來了，雖然他們無法靠近犯罪現場，也拍不到被抬上來的裹屍，但他

們倒是拍到了我沿著梯子爬上爬下的畫面。由於受害者和所有
的犯罪嫌疑人都是海軍陸戰隊員，本案最終歸軍事法庭管轄，
憲兵不太給媒體拍照的機會。所以，地方電視台每次提及本案，
畫面播的都是我沿著梯子爬上爬下。

裹屍車罩在現場解開時，我注意到死者的口鼻貼了膠布，
後腦看來有一道傷口。屍體上有幾個不同的昆蟲種類和發育階
段，車罩對昆蟲侵襲的進度沒有顯著的影響。屍體上有4個不
同科別的蒼蠅：紅顏金蠅的蛹和空蛹、廁蠅屬（*Fannia*）底下某
一種類的三齡蟲（該種類為家蠅的親戚）、鎧氏酪蠅的幼蟲，以
及黑水虻的幼蟲。用來裹屍的車罩上則有許多黑水虻的幼蟲，
屍體外側表面和車罩上另有3個科別的甲蟲。我採集了雙色琉
璃郭公蟲的成蟲。我在屍體上發現鉤紋鰹節蟲（*Dermestes ater*）的
成蟲，但沒有發現任何幼蟲。隱翅蟲的樣本為成蟲，有兩個腐
屍上常見的種類：艾氏隱翅蟲和體型很大的大隱翅蟲。我把這
些樣本都放進飼養箱運回實驗室。

在實驗室，我按照平常的方式固定、保存屍體上採來的甲
蟲，並將蒼蠅的幼蟲分組。土壤樣本在柏氏漏斗中放置48小時，
以取出土棲生物。由於棄屍的陡坡被濃密的藤蔓覆蓋，土壤只
有薄薄一層，昆蟲的棲地不多。地表土壤稀薄，再加上屍體用
車罩包住，我只採集到有限的黑水虻幼蟲，以及若干紅顏金蠅
的空蛹。

6月4日在市郡殯儀館進行驗屍時，我採集到更多完整無缺

的紅顏金蠅蟲蛹和黑水虻的幼蟲，後者的尺寸類似我前一天從
屍體採來的樣本。此外，我也在屍體的衣物上找到鎧氏酪蠅的
樣本，蛆蟲和蟲蛹都有。從屍體和衣物上，我也採集到小蠼螋
科（Labiidae）的蠼螋、雙色琉璃郭公蟲的成蟲，以及艾氏隱翅蟲
的成蟲。至於鉤紋鰹節蟲的部分，除了在現場觀察到的成蟲，
我在停屍間驗屍時發現了初齡和中齡的幼蟲。整體昆蟲群相中，
另外還多出一個種類的隱翅蟲，那就是長角隱翅蟲。我在停屍
間和現場採集到不同的種類與發育階段，兩相對照之下，顯示
出在這兩個地方都有採樣的必要。我在現場可能有所遺漏的種
類和發育狀態，往往能在停屍間較受人為控制的檢驗下找到。
而有些我在現場能採到的種類和發育階段，可能在將屍體裝進
屍袋、運到停屍間的過程中跑掉。如果不能在這兩個地方都做
採樣，我很有可能就會漏掉舉足輕重的證據。

　我在本案中採集到的樣本是一個大雜燴。棄屍地點是一片
相當類似雨林的棲地，但又有充足的日照將屍體和裹屍車罩稍
微曬乾。屍體上有一些鰹節蟲，但屍體在那片溪谷中的位置如
果再低一點，環境可能就太潮濕，這些甲蟲就無法在屍體上拓
殖。此區相對大量的降雨，再加上裹屍車罩將水分保留住，使
得屍體保持柔軟濕潤的時間比一般更久，也讓麗蠅在屍體上繁
衍了不止一代。夏威夷的潮濕地區是各種廁蠅典型的出沒地點，
而且通常在腐化數週後會發現牠們的蹤影。廁蠅的蛆與酪蠅的
蛹並存，表示死亡時間稍微超過一個月。黑水虻的蛆蟲尺寸亦

然，正常來說，這個種類要到生物體死後20天才會被腐屍吸引過來。從屍體和土壤樣本採來的幼蟲，需要9到11天左右發育到牠們當時的階段。所有因素綜合考量下來，死亡時間據估是從1996年6月3日往回算29到31天。

這起案件有數名犯罪嫌疑人，他們最後供稱犯案時間約是屍體被發現前30天。犯罪嫌疑人假意解決債務，將受害者拐到他們的公寓。根據犯罪嫌疑人的供詞和後續的證詞，他們一開始只打算教訓一下受害者，但衝突愈演愈烈，最後演變成行刑式謀殺。

○　○　○

雖然裹屍和埋屍是我最常碰到的藏屍方式，但其他藏屍法也很考驗我的專業。在這一類的案件中，早期有一件是在1983年7月26日發現的一具女屍。一通匿名電話通報憲兵，檀香山的軍人住宅區有戶公寓傳出惡臭。檢查公寓時，憲兵隊打開衣櫥門，發現一具女屍躺在一堆衣物上。她身上的紅色印花洋裝被拉到肚臍上，露出藍色的三角褲。頭部腐爛發黑。

1983年7月27日上午，我在停屍間檢查屍體，採集了兩個種類的蠅蛆和蠅蛹。頭部、肛門和陰部的人體自然孔竅遭到蛆蟲侵襲。我也在軀幹和四肢看到蛆蟲，但這些似乎是從主要的侵襲據點轉移過來的，可能是在警方搬動屍體時受到驚擾所致。

我從雙腳採集了蟲蛹。陰道口聚集了特別大群的蛆蟲，可能和驗屍時發現死者已懷孕6、7個月有關。但蛆蟲並未侵襲人體主要的腔室。

我將蠅蛆和蠅蛹分成兩組，並按照平常的方式處理。從屍體上破蛹而出的成蠅和我在實驗室養大的蠅蛆，我都鑑定出大頭金蠅這種麗蠅的蛆蟲。另一個種類則是紅尾室蠅，此種蒼蠅常見於在室內發現的屍體上。綜合屍體上採集來的發育階段和這兩種蒼蠅的發育時間，死後間隔時間估計是8天左右。

本案的犯罪嫌疑人是受害者的丈夫。一開始，他承認在發現屍體的前一天下午3點左右勒死妻子。這是調查人員還在現場時從他口中得到的供詞，然而，當調查人員指出屍體明顯腐爛時，他又改口說是「大約一星期前」。

本案始終沒有明確的死亡時間；有些鄰居的說法支持我根據昆蟲發育推估的死後間隔時間。這對夫妻時常激烈爭吵，因為吵得很大聲，憲兵常被叫來處理，有時一週兩到三次。我從蟲體推估出8天的時間，鄰居覺得我算得神準，因為那段期間沒有聽到爭吵，也沒有憲兵上門。受害者生前最後一次被鄰居看到，是在7月18日，亦即屍體被發現前9天。而鄰居最後一次聽到爭吵，則是在7月19日。既有的證據顯示，丈夫是在7月19日將妻子勒斃，並立刻將屍體藏進衣櫥。接下來8天，他和20個月大的女兒照常住在公寓裡，直到鄰居報案說聞到惡臭。這名丈夫是個眾所周知的毒癮者，除了「大概一個多星期

前吧」，他就想不起更多犯案的細節。

○　○　○

在北加州的一起11歲女童失蹤案，凶手用了更為怪異的藏屍法。女童生前最後被人看到，是在1996年2月25日下午1點45分左右。當天下午5點，她的父母通報女童失蹤。最後被看到時，她在前往朋友家的路上，就在離住家兩條街的地方。友人表示不知道她人在哪裡。於是，當地警方在聯邦調查局和義警的協助下展開搜尋。1996年3月21日，那個朋友的母親聞到一股濃濃的惡臭，便要她兒子去找出臭味的來源。晚間7點左右，兒子致電當地警方，表示他們家屋旁的燒窯裡傳出腐屍味，他打開窯蓋，發現了一具屍體；後來確認是那名失蹤的女童。

那是一台用來燒製陶器的電窯，上方有個嚴密的蓋子，側邊有3個直徑一吋左右的通風孔。其中兩個通風孔是敞開的，剩下一個被堵住了。電窯已經閒置5年之久。警方將屍體取出，發現女童被一條床單和她自己的外套裹住。屍體的頭部、胸部，乃至橫隔膜的位置幾乎都沒有肉了，低於橫隔膜的部位則保持完好無缺。負責本案的法醫曾上過我在美國鑑識科學會（American Academy of Forensic Sciences，簡稱AAFS）和另一位昆蟲學家、一位病理學家及一位法醫人類學家合辦的講座課程。1996年3月22日驗屍時，他按照我們教的方式，採集了蛆蟲樣本，並加以保存。

地方檢察官辦公室的一位調查人員和我聯繫，希望我協助檢驗樣本。樣本中有一批活的蛆蟲以牛肝餵食，由當地警局的一名調查人員負責看管——對他而言，想必不是什麼愉快的任務。另一份樣本則做成標本，以酒精保存。樣本交由聯邦快遞寄送，並在1996年4月10日下午送達我的實驗室。

我將活體樣本放進攝氏26度的恆溫恆濕機，讓牠們發育到成蠅的階段，並開始鑑定做成標本保存的蛆蟲。樣本中看來有兩種麗蠅，以及一隻隸屬家蠅科的三齡蟲。我鑑定出兩種麗蠅其一為伏蠅，其二為綠蠅屬底下的某個種類。唯一的一隻家蠅蛆蟲有特色鮮明的後氣門，所以我能斷定牠是紅尾室蠅。活體樣本於4月11日開始化蛹，4月14日破蛹而出。其中一種成蠅為伏蠅，確認了我對蠅蛆種類的鑑定，另一個麗蠅種類則為絲光綠蠅。

4月12日，我從地方檢察官辦公室調查員那裡收到另一件包裹，裡頭有我稍早要求的天氣資料、現場照片、屍體從燒窯抬出來的錄像，以及驗屍過程中採集蛆蟲的影片。

我本來猜想，蛆蟲樣本需要的發育時間，恐怕和女童失蹤到發現屍體所經過的時間大相逕庭。種類一確定，似乎就應證了我猜得沒錯。最成熟的蛆蟲是伏蠅的後食期三齡蟲。我分析了氣象站1996年2月24日到3月22日的氣溫數據，以這些蛆蟲達到此一發育階段所需的時間來看，雌蠅是在3月14日到15日間產卵。女童是在2月25日被通報失蹤，時間早了許多。

　　我接著找了更多麗蠅相關的氣溫數據，看看能否解開這起案件的謎團。我找到1990年尼爾·哈斯克爾（Neal Haskell）在印第安納州做的博士研究。研究過程中，他判定在氣溫低於攝氏12.5度的條件下，美國本土多數的麗蠅都不活躍，包括伏蠅在內。經過更深入的考察，我另外找到1977年艾倫·方尼爾（Allan Pfuntner）在加州聖荷西的碩士研究，他發現伏蠅在低於攝氏20度的溫度下不會產卵。

　　有了這些研究結果，情況變得明朗了一點。氣象資料顯示，從2月24日到3月7日之間，氣溫很少高到讓蒼蠅活躍起來，而且從未暖和到讓牠們產卵。3月7日到3月10日，則有少數幾個時段的氣溫高到能讓蒼蠅產卵，這些時段長2到6小時不等。但在這麼短的時間內，蒼蠅不太可能找到藏在燒窯裡的屍體，燒窯又只有兩個小洞可供牠們進入。3月10日之後，氣溫再度降至低於產卵所需的門檻，並且持續到3月15日。而從3月15日到屍體被發現，氣溫皆高於產卵所需的門檻。

　　我為本案推估的死後間隔時間，並不符合女童失蹤到發現屍體經過的時間。除了低溫限制蒼蠅活動之外，還有幾個因素：蒼蠅到屍體上產卵的管道受限、蒼蠅需要更多的時間找到這具屍體，以及燒窯整個密封起來，只留兩個通風孔，而且內部近乎全黑。蒼蠅是會進到黑暗、密閉的空間去產卵，但牠們首先要受到強烈的腐屍味吸引才行。

　　有鑑於此，我推斷女童死後不久就被放進燒窯。2月25日

女童被通報失蹤後，剛開始11天的氣溫太低，蒼蠅不會來屍體上產卵。接下來有一段時間的氣溫夠高，但這段時間卻不夠長，蒼蠅來不及找到這具屍體。隨後氣溫又暫時降到低於門檻。當氣溫再次升到產卵所需的門檻時，屍體已充分腐化，對蒼蠅相當具有吸引力，於是蒼蠅產下第一批卵的時間極有可能是在3月15日那天。第一批蠅卵發育成樣本中最成熟的蛆蟲，亦即我收到的後食期三齡蟲。雖然昆蟲活動無法對這整段時間做出交代，但我檢驗的樣本及發育階段和這起案件的事證相符，儘管始終沒有逮到殺人凶手。

○　○　○

在約翰・米藍達（John Miranda）的案件中，凶手還想了其他辦法來隱藏他女友的屍體。1996年2月6日，約翰・米藍達回到他之前在檀香山工作的地方，挾持了一名前同事。當他架著人質沿著大樓側邊的樓梯爬下去時，情況就失控了。他們一來到樓梯底，人質突然掙脫，一名槍法神準的警察一槍就將約翰・米藍達斃命。整個聳動的過程都被錄了下來，地方新聞媒體連著重播了幾天。後來美國本土一家製片公司做了一部紀錄片，片中呈現各種遭到挾持的情況，這段畫面也被剪了進去。

約翰・米藍達之死為這起綁架案畫下句點，但卻對釐清他女友的下落沒有幫助。他的女友雪莉・琳恩・洪斯（Sherry Lynn

Holmes）是檀香山市摩伊利里區（Moiliili）一間酒吧的老闆，從
1996年1月31日起就沒人看過她。約翰‧米藍達死了以後，警
方得知他曾對朋友說自己殺了她，並將屍體埋了。一開始，搜
索雪莉‧琳恩‧洪斯的行動集中在歐胡島迎風面的卡帕砂石場
路（Kapaa Quarry Road）──由於雜草叢生，而且丟滿非法傾倒
的垃圾，所以這裡成為一個棄屍勝地。大範圍的搜索一無所獲。

　　接著，在1996年3月31日，警方根據線報帶著尋屍犬回
到卡帕砂石場路，找到了雪莉‧琳恩‧洪斯的葬身處。該處約
離馬路40至50呎，埋了約3呎深。屍體裝在瓦楞紙箱裡，頭部
罩著塑膠袋，箱外以繩子和膠布封住。是約翰‧米藍達在喪命
前不久將她殺害埋屍，還是有人在他死後殺了她？

　　由於埋得很淺，昆蟲和其他動物輕而易舉就能接近屍體。
屍體挖出來之後，我看到幾種和屍體及瓦楞紙箱有關的動物。
土裡有很多蚯蚓，也有很多蚯蚓鑽進箱子裡。我從箱子裡採集
了幾份旋刺馬陸屬（*Spirobolellus*）的馬陸（millipede）樣本，以及蕈
蛾科（Tineidae）衣蛾（clothes moth）的幼蟲。我發現了腐屍上最
常見的兩種麗蠅，亦即大頭金蠅和紅顏金蠅，我從箱子上和衣
服上採集到牠們的空蛹。從屍體本身，我則採集到大頭金蠅的
三齡蟲。其他生物的存在顯示腐化已來到後期，正常來講，到
了這個階段，屍體上不該出現這些蠅蛆，牠們的存在可能和墳
堆底部潮濕的土壤有關。水分使得組織保持柔軟，比起在乾燥
的棲地上，蛆蟲可發育得更久。屍體上沒有任何種類的鰹節蟲，

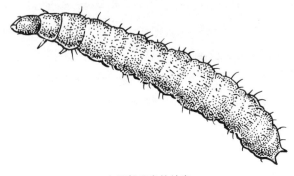

赤足郭公蟲的幼蟲

此一現象也支持我的假設，因為屍體必須變乾，鰹節蟲才能把它當成食物來源有效利用。本案的屍體不夠乾燥，所以儘管土表較乾的區域有鰹節蟲存在，屍體本身卻沒有鰹節蟲。

　　現場還有其他許多昆蟲。在檢查屍體及其衣物時，我注意到古銅黑蠅（*Ophyra aenescens*）這種家蠅的成蠅破蛹而出。我在衣物上發現兩種隱翅蟲：大隱翅蟲和矩形隱翅蟲（*Philonthus rectangularis*）[1]，幼蟲和成蟲皆有。在墳堆的土壤中，我則發現另外兩個種類的成蟲和幼蟲：盤狀隱翅蟲和艾氏隱翅蟲。我也在土壤中發現赤足郭公蟲的幼蟲，但屍體本身沒有，而且現場到處都沒有牠們的成蟲。屍體、衣物和墳堆的土壤中明顯都有黑水虻的幼蟲，這些幼蟲中最成熟者長24至26公釐。我從墳堆

1　譯注：矩形隱翅蟲無既定譯名，在此依其學名翻譯。

採來並用柏氏漏斗處理的土壤中，過濾出另外3個科別的甲蟲樣本：閻魔蟲科的蓋斑閻魔蟲（Bacanius atomarius）[2]、露尾甲科（Nitidulidae）的露尾蟲（sap beetle），以及擬步行蟲科（Tenebrionidae）的擬步行蟲（darkling beetle）。這些全都是成蟲，我沒有看到幼蟲。

計算時，我用了最靠近現場的NOAA氣象站數據。我用來判定死後間隔時間的昆蟲主要是黑水虻。倘若遺體被埋了起來，在夏威夷的條件之下，黑水虻至少要過30天才會被吸引過來。依屍體被發現時的條件，在雌蠅產卵之後至少要過26天，幼蟲才會長到我從屍體上採集到的尺寸。所以，死後間隔時間的最小值是56天。屍體是在約翰·米藍達死後54天找到的，所以雪莉·琳恩·洪斯有可能是在他被擊斃前被他殺害，正如同提供消息的人所言。

○　○　○

有時候，凶手企圖掩飾犯行的做法帶來了始料未及的結果，而在無意間對死後間隔時間的推估有顯著的影響。1994年10月，一天夜裡很晚的時候，我就碰到了這樣的一起案件。當時我被找去勘驗一具屍體，屍體在檀香山北部一條通往山頂州立路邊公園（Round Top State Wayside Park）的路旁被發現。屍體躺在

---

2 譯注：蓋斑閻魔蟲無既定譯名，在此依其學名翻譯。

一片長滿了草的斜坡上，位置約在路平面以下約15呎處。除了一件駝色背心和破牛仔褲以外，屍體完全暴露在外，僅憑有限的衣物掩人耳目、擋住陽光或防止昆蟲接近。距離屍體僅僅幾呎的幾棵樹上貼著尋人啟事，要找一名失蹤的麥基基人[3]。

發現屍體時，天色還是亮的，但我抵達現場時，夜幕降臨。待我著手採集樣本，四周已然一片漆黑。斜坡很陡，檀香山消防局用吊籃將屍體垂吊到馬路上。屍體底下的植被密集，我認為土壤中無法過濾出任何有用的節肢動物，但我還是採了一份樣本回來。不過，我是對的；在實驗室處理過樣本以後，我找到幾隻蟑螂、一些彈尾蟲（彈尾目〔Collembola〕）、兩隻陸生沙蚤以及幾隻土棲蟎蟲，但沒有與腐化作用相關的種類。

從屍體上，我採集到蠅卵的卵團和一些蠅蛆，有些看起來是兩個麗蠅種類的幼蟲。儘管當時夜色已深，成蠅還是繼續在屍體上產卵，而且在我採集樣本時也沒停下來。顯然，蒼蠅並未意識到天一黑就該停止產卵。我按照平常的方式處理樣本，並將具有代表性的樣本放進恆溫恆濕機，以攝氏26度飼育至成蠅的階段。第二天早上，我趁驗屍時去停屍間從屍體上又採了更多樣本。我從屍體外側、頭部的自然孔竅和腹腔採集了蛆蟲。最後的這些蛆蟲從傷口進入到腹腔。跟前一晚採來的樣本一樣，我按照同樣的方式處理這些樣本。

3　譯注：麥基基（Makiki）為檀香山市中心東北部的一個地區。

我鑑定出蛆蟲的種類為麗蠅科的大頭金蠅和紅顏金蠅，另外還有第三個屬於家蠅科的種類。兩個金蠅屬的種類都有二齡蟲和三齡蟲，但家蠅科則只有一隻三齡蟲做為代表，牠的種類看來是普通家蠅（*Musca domestica*，俗稱common house fly）。我從麗昂植物園的氣象站取得天氣數據，以計算這兩種麗蠅發育所需的時間。麗昂植物園距離棄屍現場大約兩哩。以線性迴歸（linear regression）調整數據後，我估算出截至我在10月12日夜裡採集樣本為止，昆蟲大約在屍體上活動了5天。

身分確定後，受害者證實就是尋人啟事要找的那個麥基人。屍體被發現前，他已經失蹤了7天。由於昆蟲活動算起來只有5天，我有兩天的落差需要解釋。如果屍體以某種方式被蓋起來或藏起來，我很容易就能明白為什麼有這種誤差。但屍體完全暴露在外，而且我應該要採集到化蛹前或後食期的三齡蟲，不管是哪一種麗蠅，我都不該採集到牠們的二齡蟲。相反的，我卻採集到一堆死後間隔時間5天典型的麗蠅蛆蟲。然而，有一個種類符合7天的間隔時間，那就是只有一隻蛆蟲做為代表的普通家蠅。在我做過的腐化研究中，我發現家蠅和牠們的親戚要到死者死後兩天才會抵達屍體。這隻三齡蟲的存在符合7天的時程，而不符合5天的時程。證據似乎自相矛盾。

發現屍體一段時間之後，我和其他人才知道原來屍體曾被移動過，這起命案涉及的犯罪現場不止一處。我完成初步推算之後，過了幾天我們才知道這兩個現場有所關聯。受害者被通

報失蹤不久後，警方曾接獲報案，來到檀香山市中心的一座停車場，他們在那裡發現大量血跡，但沒看到屍體。員警和來自法醫辦公室的調查人員都認為，若沒進行急救，一個人流了那麼多血是活不下去的，但警方查不到當晚有任何大量失血的人送醫急救的紀錄。

屍體在山頂路被發現幾天過後，受害者生前的活動把兩個現場之間的關聯兜了起來，昆蟲活動的漏洞也有了解釋。受害者生前最後被人看到，是在10月5日凌晨一點半左右，亦即發現屍體前7天。當時他正要去向一名男子收賭債。後來證據顯示，當天晚上他在那座停車場被殺害，傷勢嚴重到當場就流乾全身的血。凶手接著將屍體載到山頂路丟到路旁。棄屍當時，受害者身上的血已從傷口和眼睛、鼻子、嘴巴的黏膜等處流盡，沒太多血能吸引成蠅，只引來不嗜血的家蠅和牠們的親戚。家蠅對血比較沒興趣，對腐化產生的液體比較有反應。傷口確實為蛆蟲提供了進入屍體的直接管道；在把屍體從山坡垂吊上來時，這些蛆蟲受到了干擾。但我認為，消化系統內的厭氧菌要將屍體腐化到一定程度，才會開始有液體從屍體的孔竅流出來，而在那之前，成蠅都不會被吸引過來。唯有到了腐液流出之時，成蠅才會抵達屍體，並開始在人體自然孔竅產卵。所以，以我採集到的3種蒼蠅而言，牠們的發育階段是合理的。後來被判謀殺罪成立的凶手遭到逮捕時，他的供詞也證實了我設想的時程。

7 | 掠食性昆蟲

Predators

我在命案現場看到的動物群相中，掠食性的節肢動物是一大組
成要素。當屍食性昆蟲將這些掠食者吸引過來時，牠們在演替
的模式中通常有固定的位置，而且不會過分改變屍體被消耗的
速度。但在這些掠食者當中，有一類昆蟲在某些情況下會大大
改變屍體組織減少的速度，那就是社會性昆蟲（social insect）。

社會性昆蟲——包括螞蟻、胡蜂、蜜蜂和牠們的親戚在內
——彼此分工合作，不同階級的群體各自發揮特定的功能。每
個職務各司其職，群體就變得非常強大。覓食團隊在取得食物
方面很有效率，因為群體中有其他成員專門負責繁殖、飼育下
一代，以及維護和保衛巢穴等任務。

○　○　○

　　當屍體被丟棄在社會性昆蟲的族群附近，結果可能相當戲劇化。1994年，美國鑑識科學會在聖安東尼奧舉行的會議中，傑克・黑斯（Jack Hayes）描述了一起案件。在該起案件中，「入侵紅火蟻」（〔*Solenopsis invicta*〕俗稱紅火蟻〔imported fire ant〕）一抵達屍體，立刻就將屍食性昆蟲殲滅。這些螞蟻之凶狠，連試圖掘出屍體的人員都被咬得難以完成任務。

　　我在夏威夷的研究中見識過類似的螞蟻行為。早期在鑽石頭山進行實驗時，有一次，我無意間將豬屍放在另一種螞蟻的族群附近，該種類為「熱帶火蟻」。剛開始腐化的頭兩天，我只看到寥寥幾隻螞蟻。但到了第四天，螞蟻的數量劇增。那天一早抵達現場後，我隔著一段距離看到一道道的白線，從豬屍的位置延伸出去，像是有人用粉筆在地上畫線似的。靠近之後，我發現那些不是粉筆畫的白線，而是呈一列縱隊行進的螞蟻。每隻螞蟻都馱著一隻白色的蛆蟲，要把蛆蟲從屍體搬回牠們的巢穴。這些白線最終沒入土裡約四分之一吋深處。後來，螞蟻在豬尾巴旁邊打造了第二個巢穴。再後來，螞蟻又在其他蛆蟲活動的區域築巢。整體而言，螞蟻搬走大量的蛆蟲，屍食性昆蟲消耗屍體的速度因此明顯慢了好幾天！

○　○　○

　　有些蜂類也會大肆掠食屍食性昆蟲。我的一名研究生在夏威夷島做過一項比較研究，他比較了不同海拔高度的屍體腐化速度及節肢動物群相。實驗過程中，他觀察到蒼蠅和蠅蛆慘遭夏威夷原生種種蜂類的猛烈攻擊。此一種類為泥蜂科（〔Sphecidae〕又稱細腰蜂科）的玻里尼西亞切方頭泥蜂，牠們只存在於夏威夷群島，專門獵食海拔1,870公尺以上高原森林棲地的蒼蠅。這些蜂類從屍體上捕捉並消滅蒼蠅的效率奇佳，蒼蠅在屍體上的產卵期因而拖得比一般久。

　　除了這個種類的蜂以外，我在歐胡島和夏威夷島都看過一種外來種（非原生種）的胡蜂，為胡蜂科（Vespidae）的西方黃胡蜂（Vespula pennsylvanica），牠們廣泛分布於各種海拔高度，大肆獵食成蠅和蠅蛆。每當我在屍體附近看到任何一種社會性昆蟲，我就必須考慮牠們的掠食行為是否改變了正常的腐化模式。

○　○　○

　　在某些情況下，屍食性昆蟲遭到社會性昆蟲大量殲滅的現象，本身也能為屍體的來歷提供可貴的線索，我碰過的一件離奇命案就是如此。故事要從1994年10月24日傍晚說起。一名木匠下班後沿著歐胡島迎風面的舊72號公路（Kalanianaole Highway）開車回家。他在工作之餘，一直在改造一輛皮卡車，現在只缺一個車斗工具箱。途中，他突然瞥見路旁有個棄置的工具

箱，於是決定碰碰運氣。結果，打開箱子發現裡頭裝的不是工具，而是一副人類的遺骸。

本案的犯罪現場僅限於那個金屬工具箱。這是我所見過唯一一個手提式的犯罪現場。箱子很容易就能拎起送到市郡殯儀館檢驗，我第一次在那裡看到它，就在箱子被發現的第二天早上。箱子裡有遺骨、水泥碎塊、幾個白色塑膠袋、一件均碼T恤和一些泥土。遺骸套著短袖花襯衫、內褲和牛仔短褲，腳上穿著襪子和鋼頭鞋，此外也配戴了一只手表和一個數位呼叫器[1]。

一進入鑑識人員處理箱子的房間，我首先注意到他們都在忙著拍掉身上的東西。停屍間裡很少看到這種畫面，因為在這裡大家通常極力避免接觸任何生物體，否則可能遭到感染。靠近箱子之後，我明白問題之所在了——是螞蟻。到處都是螞蟻，但主要是從工具箱裡湧出來，數量多到幾乎無法處理那副遺骸。即使箱子在冰櫃裡冰了一夜，螞蟻的活動也沒有緩和的跡象。而隨著箱子開始回溫，螞蟻又變得更活躍了。房間裡的每個人都急切地要我採樣，我一說「好了，採樣完成」，大家就拿起殺蟲劑狂噴。

屍骸上和工具箱裡的昆蟲種類不太尋常。我從箱底的泥土和碎屑中找到大頭金蠅和黑水虻的空蛹，箱子側邊有一顆蟑螂

1　譯注：數位呼叫器（digital pager）即俗稱BB.Call之通訊設備，盛行於手機普及之前。

的空卵。我採集到金龜子的成蟲，種類為焦黑糞金龜（*Onthopha-gus incensus*）[2]。我也採集到環紋肥螋（*Euborellia annulipes*）這種蠼螋的成蟲和幼蟲。在箱子內外活躍的大量成年工蟻是「長腳捷蟻」（〔*Anoplolepis longipes*〕俗稱長腿蟻〔long-legged ant〕），土屑中也有幾隻此一種類的幼蟻。成蟻的數量和幼蟻的存在顯示螞蟻應該是把箱子當成巢穴，但我在箱子裡的土屑中並未發現螞蟻的巢穴。

在場的每個人都看得出來，屍體的顱骨是螞蟻活動的中心。我湊上前看個仔細，發現顱腔裡裝的不是大腦，而是一個螞蟻窩。除了無以計數的成蟻之外，顱骨裡也裝著幼蟲和蟲蛹。我採集了代表各個階段和形態的樣本。螞蟻窩中有兩種明確的幼蟲尺寸和形狀，也有兩種尺寸的蟲蛹。即使多數螞蟻都在顱骨上和顱骨內，移動遺骸和箱子的動作顯然驚動了蟻群。我在採集樣本時，工蟻忙著將幼蟲和蟲蛹搬出顱骨。

除了螞蟻之外，從雙手、雙腳和肋骨等部位，我也採集到附著在骨頭上的黑水虻及麗蠅空蛹。

完成採樣之後，一罐殺蟲劑像變魔術般憑空變了出來，整罐對著骨骸和箱子噴個精光。昆蟲都死透之後（事實上，昆蟲都死過頭了），體質人類學家和齒科專家終於能展開他們的檢驗工作。和許多在夏威夷發現的遺骸一樣，要鑑定死者的人種有

2　譯注：焦黑糞金龜英文俗稱 burnt dung beetle，無既定譯名，在此參酌其學名、俗名及外貌特徵翻譯。

點困難。體質人類學家研判受害者是一名男性「蒙古人種，可能混有高加索人種的血統」，年約5至6旬。根據齒科專家的說法，牙齒的鑑定經常得花很長的時間，而且所費不貲。精密的牙齒鑑定往往對釐清身分有幫助，但在這起案件中，齒科專家找不到吻合的牙齒紀錄──有鑑於夏威夷的人口流動率很高，這種情況並不少見。數位呼叫器的產品編號為身分的鑑定提供了一些線索，用顱骨合成的頭部影像則初步確認了呼叫器擁有者的身分。

與此同時，我則負責檢驗昆蟲證據。我從沒碰過遺體長了螞蟻窩的情況。我經常發現成年的螞蟻和蜂類在掠食屍體上的蠅蛆，但由於腐屍本質上是一個暫時的棲地，我幾乎不曾看過屍體上有一整窩的社會性昆蟲。一開始，我不確定蟻群的存在會不會影響我估算死後間隔時間能力。

所以，我先把重點放在我比較習慣的判斷標準上，也就是蒼蠅。在遺骸和箱子裡的土屑中，代表麗蠅和黑水虻的樣本皆為空蛹。大頭金蠅空蛹的存在，表示至少經過了17天──這是從卵發育到成蠅一般所需的時間。由於屍體被藏在箱子裡，成蠅無法立刻發現屍體，所以從蠅卵發育到成蠅所需的時間會比17天長一點。更有甚者，由於屍體已經化為白骨，17天再加上成蠅延後抵達的幾天，算出來的日數還是比死後間隔時間短了許多。

黑水虻只剩空蛹表示經過了更久的腐化，因為在夏威夷的

條件下，黑水虻通常要到死者死後 2、30 天才會侵襲屍體，確切的時間視情況而定。以本案屍體被裝在工具箱裡的情況而言，時間最有可能已經過了 30 天左右。依氣溫而定，黑水虻從卵發育到成蠅需時 5 到 7 個月不等。在夏威夷，多數情況下，發育期約是 5 個月。綜合考量這兩個時間，我能追溯到的昆蟲活動，時間長度至少約有 6 個月。

除了螞蟻以外，其餘從箱子及遺骸上採集來的昆蟲只是偶然出現的種類，和腐化作用無直接關聯，不會為死後間隔時間提供更多線索。所以，我將重點轉移到螞蟻窩上。長腳捷蟻是在夏威夷廣泛分布的種類，通常在偏乾燥的區域出沒，並偏好在岩石底下築巢。雖然這個螞蟻窩大到令停屍間裡的人反感，但以牠們的種類而言，這種規模的窩巢不算很大，而且我認為這是一個還滿新的螞蟻窩。在夏威夷，螞蟻被認為是很嚴重的害蟲，因為牠們和各種危害農作物的粉介殼蟲（mealybug）有關，對鳳梨的危害尤其嚴重。螞蟻為粉介殼蟲提供保護，得到的回報是粉介殼蟲分泌的蜜露（有營養的甜汁）。為了協助防治病蟲害，螞蟻和粉介殼蟲的共生關係引起學界對螞蟻生物學和行為學的研究。我諮詢了傑克・畢爾斯利（Jack Beardsley），他和他的研究生花了多年心血調查夏威夷的螞蟻和粉介殼蟲問題。他同意我的看法，認為這個螞蟻窩剛築好不久。

有了這個結論，我便勾勒出一個時間輪廓。在新築的蟻巢中，蟻后首先要產下負責育幼、禦敵和覓食的工蟻。通常要經

過一年的時間，一窩螞蟻才會形成額外的生殖階級。在我從這一窩螞蟻採集的樣本中，我觀察到有兩種尺寸很不一樣的蛹。我在實驗室把這兩種的樣本都解剖了。尺寸較小者為典型的工蟻階級，尺寸較大者正在發育成有翅生殖階級[3]。有鑑於此，我可以假設從蟻巢建立到箱屍被發現之間，大約至少經過了12個月。

　　我也知道這些螞蟻是相當凶猛的掠食者，牠們很快就會把工具箱裡麗蠅和黑水虻的卵及蛆吃掉。看來這些種類在螞蟻抵達之前就已完成發育。我推測在屍體吸引黑水虻來產卵之前，大約已經過30天，接下來有5個月左右的時間，讓所有的卵發育到成蠅的階段。在螞蟻抵達之前，加起來就有6個月左右的時間。這6個月也讓屍體和箱子裡其他的物體乾燥到足以吸引長腳捷蟻的程度，因為這種螞蟻不會在潮濕的棲地築巢。由於要再過12個月，這一窩螞蟻才會產生新的有翅繁殖階級，所以從死者死亡到工具箱被發現，總計約經過18個月的時間。這就是我推估的死後間隔時間。

　　根據我計算的死後間隔時間、呼叫器的產品編號，以及用顱骨合成的頭部影像，受害者最終確認為當地的一名承包商。據悉在他失蹤前不久，有個為他工作過的人和他在一起，此人

3　譯注：螞蟻一生歷經卵、幼蟲、蛹、成蟲4個發育階段，建立群體則是從雌蟻與雄蟻經由婚飛交尾開始，有翅膀的年輕雌蟻從蟻巢飛出吸引雄蟻，雌蟻受精後翅膀脫落，築巢成為蟻后。除生殖階級外，多數個體無翅。

遭到逮捕，最後也坦承犯案。凶手表示受害者批評他和他的工作品質，一時氣不過便反覆狂踹對方，直到發現自己好像把他踹死了為止。接著他把受害者就近塞到現成的容器裡，也就是那個車斗工具箱，然後把箱子丟到18個月後被人發現的那條路旁。事後他回到案發現場，消滅所有犯案痕跡，並編了一套謊話隱瞞受害者的行蹤。他甚至把受害者的貨車開到檀香山國際機場停放。凶手後來搬到美國本土，他在那裡被捕，並被有關單位送回夏威夷受審。審判過程中，辯方律師主張基於被告的情緒狀態，他只應被判過失殺人。陪審團駁回此一請求，並做出二級謀殺罪的判決。

○　○　○

除此之外，我只知道另一起社會性昆蟲涉及死後間隔時間計算的案件，那是偉恩·洛德在1990年說給我聽的。在那起案件中，一具年約15歲的女性遺骸於一月間在田納西州坎伯蘭山區（Cumberland Mountains）的一片橡樹、楓樹混合林被人發現。和遺骸丟在一起的有一條鬆脫的電線，顯示她有可能是被勒死的，另外還有一條牛仔褲。檢驗之下發現顱骨有風化作用的紋路，顯示枕骨大孔（顱骨底部連接大腦和脊髓的開孔）處於一個能讓昆蟲進入顱腔的位置。顱骨內的組織已被蛆蟲吃個精光，只剩一個長腳蜂（paper wasp）的蜂巢在裡面。這個蜂巢約有一百

格巢房，乍看之下，除了其中的6到8格以外，所有巢房都是空的。細看這6到8格巢房雖然仍有薄蠟封住，但也是空的。該區的蜂類在一年當中較冷的時節不會築巢或養育幼蜂，由此可見這個蜂巢在前一年夏天很活躍。有鑑於棲地和蜂巢的型態，築巢的蜂類經研判為馬蜂屬（*Polistes*）底下的一個種類。顱骨裡面也有大附蠅科（Sphaeroceridae）某種小糞蠅（small dung fly）的蛹。

就典型的演替模式而言，大附蠅不會是率先抵達屍體的蒼蠅，牠們通常接在麗蠅之後。依洛德之見，這種蒼蠅蛹的存在，表示在一年當中溫暖的時節發生過麗蠅、大附蠅相繼抵達的情形。在田納西州東部，馬蜂屬的長腳蜂一般是在4月開始尋覓築巢地點。由於牠們需要乾淨、乾燥的地點，所以顱骨內的組織必須在4月之前清空。再者，洛德認為，將顱骨清空的蛆蟲團隊必須於前一年秋天組成，也就是在氣溫下降到昆蟲停止活動之前。整個推論下來，在遺骸被發現之前的死後間隔時間至少約有18個月。

遺骸的樣本交由一位法醫人類學家評估，牛仔褲則交給一位材料鑑識專家。兩者推算出的死後間隔時間都和昆蟲學家估算的大致相同。受害者身分確認之後，警方發現她已失蹤將近兩年。

8 水、火、空氣
Air, Fire, and Water

住在夏威夷最大的享受就是靠海很近。每天一早，望向窗外的海浪，聽著海上傳來的浪濤聲，我就覺得精神為之一振。但在我的專業領域，同樣的一片汪洋卻會造成困擾，因為對腐化作用相關的昆蟲而言，大海可能是一道莫大的阻礙。1993年7月，我就碰到了一個代表性的案例。那個月14號，在歐胡島迎風面的黑雅基雅碼頭（Heeia Kea Pier）北邊約半哩處，一名62歲男子被人發現裸體陳屍在自己的船上。屍體一旁有兩個伏特加酒瓶，一瓶是空的，另一瓶還剩一半。然而處理屍體有其困難度，一來因為屍體已經嚴重腐化，再則陳屍地點位於甲板下方。鑑識人員向軍方尋求協助，卡內奧赫灣（Kaneohe Bay）的海軍陸戰隊

軍營便派了幾名士兵過去。軍方人員得知屍體已部分腐爛，所以戴著手套抵達現場。對於處理屍體的任務來說，他們戴的棉質白手套實在不太合適。

屍體上唯一的昆蟲，是麗蠅科大頭金蠅的蛆蟲和一些卵團，應該皆屬同一種類。蠅蛆分布在頭部和頸部，蠅卵則在鼠蹊一帶。蠅蛆當中最成熟者為8公釐長的二齡蟲，計算達到此一發育階段所需的積溫時數時，我採用來自黑雅基雅碼頭的氣溫資料。計算結果顯示，這些麗蠅最有可能是在7月11日早上6點到10點之間產卵。死者生前最後被人看到是在7月9日下午。確切的死亡時間始終沒有定論，但此人開著船在一座繁忙的碼頭附近，整整兩天都沒有其他船隻看到他活動，也沒人看到他上岸吃東西，情況似乎不太合理。我推斷是由於受到海水阻隔，昆蟲的活動才會延後。這些年來，我觀察到麗蠅不會輕易越過大海，除非有很強大的誘因。以本案而言，隔著海上半哩的距離，腐屍要臭到從遠處都聞得到，否則牠們不會靠近。這一帶的海風主要是從北邊吹過來，所以臭味會往南吹到岸上，屍體被細菌腐化兩天之後，蒼蠅便聞風而至。

大海不僅會推遲成蠅抵達屍體的時間，接觸到含有鹽分的海水也會影響蠅卵的孵化，以及蠅蛆後續的發育。1993年2月7日，我被找去檢驗一具在歐胡島南岸坎貝爾工業區（Campbell Industrial Park）發現的屍體，這起案件就讓我見識到海水對昆蟲的影響。那是一具裸屍，全身上下只穿一雙運動鞋。中午12點

45分左右，有人在滿潮線下方的岩石上發現這具屍體。鑑識人員於下午4點左右和我聯絡，我在4點45分抵達現場。此時海水開始漲潮，於是屍體被移到較高的地方。從表面上來看，死亡原因像是自殺，但由於陳屍的位置和屍體狀況，我還是被找來了。經過一番檢查，我發現屍體上只有卵團，似乎是麗蠅的一種。我採集了這些蠅卵的樣本，帶回實驗室看能否將牠們飼育至成蠅的階段。

蠅卵於晚間6點半左右放進恆溫恆濕機。過了大約48小時後，我在2月9日晚間6點看到這些卵孵出第一批蛆蟲。後來我確認了牠們的種類，而就此一種類的蒼蠅來說，產卵後通常會在12至18小時後孵出蛆蟲。但這些蠅卵耗時更久，比一般還多出30到36小時。由於牠們花了那麼久時間才孵化，我不確定自己能否將蛆蟲飼育至成蠅階段。不過，在餵食牛肝之後，這些蛆蟲發育得很正常。待成蠅破蛹而出，牠們的種類很顯然是大頭金蠅。

我很納悶是什麼因素導致孵化時間延後。海水是我想得到的唯一解釋。牠們暴露在海水的影響之下，浪潮沖刷屍體的冷卻作用也可能造成影響。但在蠅卵被放進恆溫恆濕機以後，冷卻作用就停止了。所以，高鹽分的海水想必是癥結所在。在那之後，我又碰過幾件案子，蠅卵暴露在海水之下的時間從數分鐘到數小時不等。超過30分鐘，昆蟲在「卵」這個階段的時間顯然就會延長，但延長多久難以預料。在多數案例中，我發現

至少會延長24小時。

○　　○　　○

　　火也會影響腐化的速度，但在人為控制下進行的相關研究很少。1995年8月，在出席聯邦調查局贊助的火場鑑識研討會之後，我就對這個主題產生了興趣。研討會在維吉尼亞州舉行，從維吉尼亞州回到夏威夷之後，我決定展開一項研究計畫。當時，我的研究室有個名叫法蘭克‧艾維拉（Frank Avila）的大學生對法醫昆蟲學有興趣。我們合力擬定實驗方案，用50磅重的豬模擬火場受害者，觀察經過火燒和沒被火燒的屍體，看兩者遭昆蟲侵襲的速度是否有任何差異。

　　在初步的研究中，我們挑選夏威夷國民警衛隊（Hawaii Army National Guard）在鑽石頭山的基地當據點，放了兩頭豬屍做實驗。其中一隻用汽油燒到克爾－格拉斯曼量表（Crow-Glassman Scale，簡稱CGS）二級燒傷的程度。克爾－格拉斯曼量表普遍被用來評估人體燒傷程度，共分5個等級，從表皮燙出水泡、毛髮輕微燒焦的一級，到全身基本上燒得什麼都不剩的五級。套用我的研究生的說法，從一級到五級之間有各種不同程度的「焦黑脆片」。二級燒傷的屍體依舊能夠辨認容貌，但呈現出程度不等的焦傷，並損失部分的手腳。

　　另一具豬屍做為對照組之用，並未用汽油焚燒。根據一些

道聽塗說，我們以為實驗組的昆蟲拓殖會比較慢，結果卻恰恰相反。比起對照組，燒過的豬屍更吸引成蠅來產卵。兩具豬屍放出去不久，蒼蠅活動就開始了，但在實驗組豬屍上的蠅卵，絕大部分都比對照組的早一天產下。就如同在人體自然孔竅產卵一般，蒼蠅在燒過的豬屍破皮處找到產卵的地點。皮膚破裂加快了實驗組豬屍的腐化作用，實驗組的昆蟲比對照組早一天抵達屍體。

我們後來在麗昂植物園的雨林棲地做了一樣的實驗，結果甚至更為戲劇化。比起鑽石頭山較為乾燥的環境，在潮濕的棲地上，蒼蠅侵襲實驗組豬屍的速度更快。甚至在屍體其他部分還深陷火海之時，成蠅就已降落在沒有火焰的部位。紐約時報國際新聞台（*New York Times* Video News International）的記者錄下了實驗過程。我不敢想像她看我們用皮卡車裝運豬屍和汽油時作何感想，但她花了一星期和我們一起視察豬屍。到最後，她對於站在雨中、踩在泥裡拍片似乎已駕輕就熟，也很適應我們盯著蛆蟲吃豬屍的畫面了。我希望她的下一趟任務可以輕鬆愉快些。

比起鑽石頭山，雨林裡兩組昆蟲侵襲情況的落差更為顯著，實驗組比對照組早了4天開始產卵。昆蟲演替的進程也更加迅速。整個實驗過程中，實驗組從頭到尾都比對照組搶先4天。如同在鑽石頭山的實驗，燒過的豬屍提供了更多產卵的據點。

當然，這些結果只顯示了單單一個燒傷等級對地面曝屍的

影響。我希望未來的研究能涵蓋其他燒傷等級，乃至於條件不同的各種地點。日後如果在車內和建築物中發現焦屍，或有其他屍體未接觸地面的情況，相關的研究就能提供協助破案的數據。

○　○　○

　　屍體和地面沒有接觸是另一個影響腐化作用的因素，而這方面的影響也極欠缺人為實驗的研究資料。我第一次注意到這件事，是因為一名日本遊客在檀香山高爾夫球場的奇遇記。日本很流行打高爾夫，打球人數多到高爾夫球場供不應求，所以很多日本旅遊團都會來夏威夷打球。這些球友來到夏威夷，會盡可能在短時間內打很多局。一天早上，某個來度假的日本球友揮桿時，把球打到第十六洞球道旁的長草區。長草區的一棵樹上吊著一具男性腐屍，那顆球擊中顱骨，再掉到屍體正下方的草地上。這名球友異常堅定，在找到他的球之後，他還繼續把剩下的球局打完。完成球局回到會館，他才透過口譯員告訴經理，第十六洞旁的長草區掛著一具死屍。接下來的幾個高爾夫球團因此延賽，等警方勘查現場與處理屍體。

　　屍體的狀態很不尋常。整副遺骸差不多都白骨化了，但骨頭大多還連在一起。部分原因在於屍體受到衣物的完整包覆，有背心、尼龍風衣、夾克和牛仔褲裹住，骨頭因而沒有掉至地

面。此外，長草區還滿乾燥的，屍體已部分木乃伊化，暴露在外的部分形成一層乾皮，這層乾皮讓屍體不致散開。

我很訝異屍體上半身沒有顯著的甲蟲活動，因為兩條腿膝蓋以下都受到鰹節蟲嚴重侵襲。檢查屍體、採集樣本時，我看到的昆蟲種類很少。屍體上半身的外側表面和衣物皺摺處有空的蠅蛹，種類為兩種常見的麗蠅——大頭金蠅和紅顏金蠅。以這兩個種類在夏威夷一般正常的發育模式來說，只剩空蛹表示經過至少17天的時間。屍體的上半身也有一些鎧氏酪蠅的蛆蟲，以及赤足郭公蟲的成蟲。兩條腿膝蓋以下遭到鉤紋鰹節蟲和白腹鰹節蟲侵襲，成蟲及幼蟲皆有。在這些鰹節蟲當中，白腹鰹節蟲數量最多，並有最成熟的幼蟲。

屍體上明顯缺乏爬行類（而非飛行類）的昆蟲或節肢動物，尤其是完全沒有我常在屍體上看到的掠食性昆蟲，例如隱翅蟲或閻魔蟲。我總共只在屍體上找到6種昆蟲。根據麗蠅蛹提供的證據，屍體至少已在戶外暴露17天。以17天的曝屍而言，昆蟲種類僅有6種也未免太少了。除了麗蠅之外，屍體上的其他昆蟲都無法為時間提供更準確的資訊。所以，我推算的死後間隔時間最小值是17天。

儘管昆蟲種類數很少，死者身分終於確認之後，事實證明我推估還滿準的。這名死者是警方熟知的一號人物，他生前最後被人看到是在發現屍體前19天。他原本的身高是5呎2吋，但屍體的長度將近6呎。身高的落差延誤了身分鑑定；當時沒

有長那麼高的人失蹤。

　　發現身高有落差之後，我開始明白為什麼這具屍體的腐化模式非同一般了。死者死後的最初幾天，只有會飛的昆蟲到得了屍體。待屍體拉長到觸及地面之後，來自土壤中的昆蟲才爬得上去。所以，死者死後不久，麗蠅就能開始在屍體上行動，鰹節蟲的行動則受到延遲。屍體的雙腳一落地，鰹節蟲便開始取食，但牠們不是從頭部開始吃起，而是從相反的另一端。正常來講，鰹節蟲和麗蠅都會從屍體的頭部吃起，但這回牠們反過來從雙腳往上吃。這件事是釐清了，但我還是很納悶怎麼沒有掠食性昆蟲，也想不透麗蠅移除的肉量為什麼不如預期得多。

　　我決定進行一項實驗，看看吊掛過程中會發生什麼事。感謝聯邦調查局的偉恩・洛德，讓我藉著聯邦調查局學院的其中一門課，在人為控制的條件下懸掛一具豬屍。實驗結果說明了高爾夫球場的屍體是怎麼回事。我用了兩隻豬，一隻置於地面，一隻掛在樹上。腐化作用在第一隻豬身上正常進行，到了一個月的尾聲，這隻豬已化為白骨。掛在樹上那隻豬就不同了。麗蠅按時抵達，並在頭部的孔竅一帶產卵。麻蠅也按時抵達，並在同樣的地方產下蛆蟲。麗蠅卵孵化後就形成集體取食的蛆團，但接下來，我就看到和放在地上那隻豬截然不同的景象。垂掛著的那隻豬上的蛆蟲移到群體外圍降溫並消化食物時，牠們沒有可以依附的東西，於是就掉到豬屍下方的地面上。掉到地上之後，牠們無法重新回到食物來源上頭。所以，垂掛的豬隻身

上的蛆蟲持續減少，這副豬屍耗損的速度就不像置於地面那隻
那麼快。

垂掛的豬屍也較無遮蔽，全然暴露在風和空氣的作用之下，
身上的組織比地上那隻豬更快變乾。因此，被蛆蟲當成食物來
源的時間也較短。豬屍放出去一週後，成蠅持續在地面那具豬
屍上大量產卵，但牠們只有前5天在掛著的豬屍上產卵。更有
甚者，第四天過後，牠們只在掛著的豬屍上產下少量的卵。這
就是為什麼高爾夫球場那具屍體的肉沒有被取食一空。

掛著的那具豬屍，我找到了和它有關的掠食性昆蟲，但不
是從屍體上。蛆蟲掉到地上之後，牠們就再也不能把屍體當成
食物來源了，除非屍體的足部或其他仍與屍體相連的部分觸及
地面。蛆蟲如果回不到屍體上，就得另覓食物來源，否則只有
死路一條。現成的食物主要來自上方屍體的腐化副產品。隨著
屍體腐化，液體和肉屑從屍體掉到地上的「掉落區」內。在懸
掛屍體的實驗中，我看到這個「掉落區」早在第三天就已形成。
掉落區內的蛆蟲可完成發育，昆蟲演替模式也和置於地面的屍
體類似。我從掉落區發現了掠食者、寄生蟲，以及腐化模式中
缺少的其他環節。雖然我沒有從高爾夫球場那具屍體下方的掉
落區採樣，但我認為這麼做也不會有更多收穫。那位發現屍體
的球友想必很苦惱，他顯然得從屍體下方往上揮個幾桿，好將
他的球打出來，掉落區的內容物因此四處分散，也散落到他的
衣服上。

9 藥物與毒物
Drugs and Toxins

有時候，等到死者被發現時，一般用來研判死亡原因的人體組織都已化為烏有。此時，從屍體上採集來的蠅蛆就可像脾臟或其他組織一般，供化驗分析之用，尤其在疑為藥物或毒物致死的情況下。以蠅蛆做為替代樣本的案例，最早的文獻記載是在1980年。該案死者是一名22歲女性，屍體在河床邊被發現時幾乎已白骨化。軟組織不復存在，只剩皮屑黏在屍體的背側。但現場還是有大量與屍體有關的蛆蟲，這些蛆蟲經一名昆蟲學家鑑定為麗蠅的一種，即次生螺旋蠅（*Cochliomyia macellaria*，俗稱 secondary screwworm fly）[1]。有個皮夾連同遺骸一起被發現，皮夾內有身分證明文件及貼有處方籤的空瓶。牙齒紀錄確認了文件

和藥瓶所指的身分。

該名女性生前最後被人看到，大約是在發現屍體前14天。從藥瓶上的處方籤來看，在那之前兩天，她裝了一百顆苯巴比妥錠（phenobarbital）[2]到瓶子裡。她有自殺未遂的前科，遺體附近也留有一封遺書，再再顯示她是自殺身亡。

驗屍過程中，蛆蟲被用來估算死後間隔時間。由於沒有軟組織可供毒理分析之用，有些蛆蟲就用來代替屍體組織，進行藥物反應測試。不出所料，薄層層析（thin-layer chromatography，簡稱TLC）和氣相層析（gas chromatography，簡稱GC）都顯示蛆蟲體內滿是苯巴比妥。

在法國，帕斯卡‧金茲（Pascal Kintz）和他的團隊也做了蛆蟲實驗。在1990年發表的一篇論文中，他們報告了5種處方用藥以蛆蟲樣本和屍體軟組織化驗的結果。這5種藥在蛆蟲身上都呈現陽性反應，但用屍體肝臟和脾臟組織化驗的結果，只測出4種存在於屍體內的藥物。

偉恩‧洛德也在1990年美國鑑識科學會的年會上，發表了

1　譯注：螺旋蠅屬（*Cochliomyia*）亦稱錐蠅屬，包含 *Cochliomyia macellaria*、*Cochliomyia hominivorax*、*Cochliomyia aldrichi*、*Cochliomyia minima* 等4個種類，其中 *Cochliomyia hominivorax* 被稱為原生螺旋蠅，乃因此種蠅的蛆蟲取食活體組織，導致蠅蛆症，*Cochliomyia macellaria* 則被稱為次生螺旋蠅，乃因其蛆蟲亦會導致蠅蛆症，但只吃壞死的組織。螺旋蠅及蠅蛆症另參見本書第十章。

2　編注：一種抗癲癇藥物。

有關新英格蘭一起案件的報告，該案用蛆蟲分析藥物成分以協助研判死亡原因。時間要追溯到2月的某個下午，外出散步的民眾發現了一具白骨化的遺骸。屍體部分嵌在冰凍的土壤中，面部朝下俯臥在一片濃密的林地上。遺骸看來被動物動過，完全白骨化的頭顱距離其餘部分約28呎遠。死者身著牛仔褲和格紋襯衫，褲子和右臀上有個不規則的8字形破洞，很顯然是食腐動物留下的痕跡。

在停屍間，相驗人員明顯看出屍體的頭部和軀幹已完全白骨化。雙臂和雙腿還殘餘一點肉，雙腳則是僅剩腐爛的軟組織和皮膚。在屍體的表面、體腔和衣物中，有大大小小部分腐化的蛆蟲，此外也有蠅蛹。除了死後遭動物啃咬留下的破洞以外，衣褲都沒有破裂之處，屍體上也沒有死前受傷的證據。經過化驗，蛆蟲和雙腿的骨骼肌都有古柯鹼反應。

原來，死者是前一年9月被通報失蹤的29歲男子。身分確認之後，會驗出古柯鹼也有了道理。該名男子患有毒癮，生前最後看到他的人是他女友，她認為他在赴約之前注射了古柯鹼。他到她的公寓幫忙安裝一台冷氣機。裝好之後，他啟動開關測試，待房間變涼後便感到身體不適而離開。有人看到他搖搖晃晃地走出她的公寓，但後來就沒人看見他了。有鑑於此，再加上肌肉組織和蛆蟲都驗出古柯鹼反應，法醫推斷死者是嗑藥嗑茫時死於體溫過低。

○　○　○

　　後來在1987年2月的一起案件中，我發現屍體上的蛆蟲會吸收的不止有藥物和毒品。當時，我從檀香山的法醫那裡收到3瓶蛆蟲，這些蛆蟲是採集自一名58歲的男性死者，他有自殺未遂的前科，死亡原因明顯是自殺。屍體已腐化得很嚴重，陳屍地點是他母親家地板下方的爬行空間。以前他曾持槍自轟頭部但沒有死成，這次他用殺蟲劑馬拉松（Malathion）自殺身亡。屍體旁邊8盎司裝的瓶子裡少了6盎司。

　　蛆蟲是從頸部、軀幹和頭部採集而來，在鼻子、嘴巴和眼睛的數量尤其龐大。樣本泡在乙醇裡保存，但沒有先用固定液處理。東西送達時，我出遠門去了，所以在我回來前的那幾天，蛆蟲就一直未經固定泡在防腐劑裡。其中一瓶蛆蟲已過於膨脹，無法做為推算死後間隔時間的可靠依據，但我看得出牠們的種類。在所有瓶子裡，我只看到兩種麗蠅──大頭金蠅和紅顏金蠅。樣本中只有大頭金蠅的後期三齡蟲，紅顏金蠅則有二齡蟲和三齡蟲。依陳屍地點那一帶的環境氣溫來看，我認為這種發育階段的組合約是死後間隔時間5天的情況。但從死者生前最後被人看到的時間，以及從那瓶馬拉松收據上的日期算起，死後間隔時間為8天，和我估算的並不相符。

　　我覺得很奇怪，服食殺蟲劑致死的屍體口部怎會出現大量蛆蟲，況且還是馬拉松這種有機磷（organophosphate）殺蟲劑。

乙醯膽鹼－乙醯膽鹼酯酶系統（acetocholine-acetocholine esterase system）控制神經突觸的神經衝動傳導功能，有機磷劑則透過干擾此一系統來對神經產生作用。暴露在有機磷殺蟲劑之下就會導致神經中毒。以成蟲來說，神經中毒後首先會變得躁動與亢奮，接著是顫抖與抽搐，最後導致死亡。在有機磷類殺蟲劑當中，馬拉松普遍被認為是最安全的一種，因為它對哺乳動物的毒性很低。在老鼠身上，其急性口服半致死劑量（LD50，指短時間內殺死半數受試動物所需的劑量）是每公斤900至5,800毫克，而且可被哺乳動物的肝臟分解掉。由於對哺乳動物的毒性低，加上施用容易，又能廣效殺死各種昆蟲和蟎蟲，馬拉松於是成為居家和園藝普遍使用的殺蟲劑，儘管它的味道很難聞（我覺得聞起來像貓尿）。這起案件的死者喝下6盎司的難聞液體，可見得他死意甚堅。

法醫驗屍時採集了組織樣本送交化驗。脂肪組織和胃內容物中都驗出馬拉松，但血液、尿液或來自胸腔的液體中皆無。照理說，死者口中應該有許多馬拉松的成分。由於蛆蟲密集在那一帶取食，所以我將蛆蟲樣本送交夏威夷大學馬諾阿分校的農業生物化學系進行檢驗。結果蛆蟲體內的馬拉松含量為每公克2,050毫克，遠高過我的預期，也比殺死這兩種麗蠅所需的濃度高出許多，並且達到老鼠實驗的致命劑量。然而，蛆蟲卻似乎發育得很正常。所以，我查了相關資料，想了解馬拉松或其他有機磷成分對蛆蟲的毒性。結果只找到一份井上義鄉（Y.

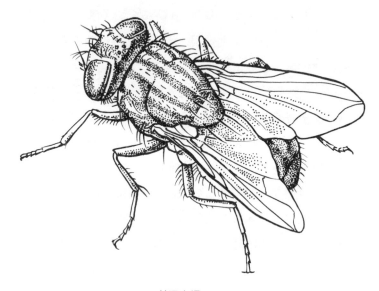

普通家蠅

Inoue）的論文，他研究了馬拉松對棕尾別麻蠅（*Boettcherisca per-egrina*）蛆蟲的影響，發現若是將馬拉松塗到蛆蟲的外皮上，需要很高的濃度才足以致命，但他的研究並未說明蛆蟲若是吃了馬拉松會怎麼樣。

　　雖然我對蛆蟲忍受馬拉松的能力仍舊不解，但我姑且先回到殺蟲劑對成蠅和其他昆蟲的效力上，思考如何解決死亡間隔時間的落差──昆蟲證據顯示為5天，其他事證顯示為8天。比對腐化研究的資料時，我發現這具屍體上出現的昆蟲種類比一

般還少。死者陳屍在外，屍體與土壤有所接觸，雖然是位於地板下的空間裡，但暴露在昆蟲的侵襲之下。屍體暴露8天之後，我通常會看到其他種類的蒼蠅，尤其是普通家蠅和廁蠅（〔*Fannia pusio*〕俗稱雞糞蠅〔chicken dung fly〕），以及稗稈蠅科（Milichiidae）和大附蠅科的蒼蠅。在類似此一陳屍地點的棲地上，我也會發現鰹節蟲的成蟲開始造訪屍體，掠食性的隱翅蟲和閻魔蟲伴隨而來。但在本案當中，我卻只發現那兩種麗蠅。我推斷馬拉松使得昆蟲侵襲屍體的時間推遲了3天。之後，儘管仍有馬拉松殘留，屍體也已腐爛到即使有殺蟲劑一樣能吸引蒼蠅的程度。我想，從兩種麗蠅來到頭部的自然孔竅開始，接下來的演替模式可能就正常進行，然屍體在其他種類的昆蟲抵達並開始拓殖前就被人發現了。

○　○　○

在1980年代，除了馬拉松這個案子，我還碰到一些與屍體有關的蛆蟲驗出毒品的案例，其中尤以古柯鹼最為常見。這些經歷讓我愈來愈好奇藥物與毒物對蛆蟲發育速度與模式的影響。就蛆蟲在不同溫度、不同密度和不同環境下的發育速率而言，我手邊有很多參考資料。但藥物與毒物對蛆蟲發育的影響，我基本上查不到任何文獻。唯一能沾上一點邊的，是沛卡・諾妥瓦及其團隊在芬蘭所做的研究。他們的研究顯示，在食用遭

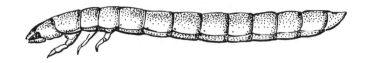

擬步行蟲科麵包蟲的幼蟲

到汞污染的魚肉之後，蛆蟲體內的汞含量比魚肉還高，而且牠們的行動和化蛹都有困難。諾妥瓦團隊接著將遭到汞污染的蛆蟲餵食給兩種甲蟲，一隻是隱翅蟲科的大隱翅蟲，一隻是擬步行蟲科的麵包蟲（Tenebrio molitor），兩者體內都累積了汞，但大隱翅蟲沒有不適的反應，麵包蟲則顯得活動力下降，且足部漸漸癱瘓，類似人類罹患水俁病（Minamata disease）的症狀。

　　既然在文獻中都沒找到其他相關資料，我決定親自做個實驗。1987年，我接洽美國鑑識科學會病理學／生物學部的研究委員會，提出古柯鹼對麻蠅發育之影響的研究計畫。這是我的實驗室和檀香山市郡主任法醫艾爾文・歐莫里（Alvin Omori）的共同研究計畫，經過幾番爭論，我們選擇了古柯鹼，因為它在當時是最盛行的非法藥物，也是死亡調查中最常見的毒品。我挑選棕尾別麻蠅來做實驗，因為我常在屍體上發現牠們的蹤影，再加上牠們的群落相對容易維持，而且直接產下活蛆，免除了等待蠅卵孵化之需。我們拿到了補助金，就等實驗展開。

　　為了實現我們所設想的研究計畫，毒品必須施打到活體動

物身上。如同許多藥物與毒品，古柯鹼要經過生物體代謝成另一種物質才會發揮作用。以古柯鹼來說，經過代謝後的物質為苯甲醯艾克寧（benzoylecognine）。如果古柯鹼只是直接加到人工培養基或肝臟組織中，它就不會被代謝，蛆蟲吃下的物質就和牠們從屍體吃到的不一樣。

所以，現在我們有了經費，但還得弄到受試動物和古柯鹼。這下子，我又得面對學校的實驗動物照護及使用委員會了。我寫了提案書，並強調此一研究對社稷的重要性。委員們還記得我先前申請的豬隻實驗，並對我這回要為兔子施打古柯鹼有點錯愕。他們問我會不會為兔子施打鎮定劑，以消除或舒緩古柯鹼可能造成的不適或焦慮。我解釋說，我要實驗古柯鹼對蛆蟲發育的影響，如果另外施打其他藥物，實驗結果可能受到干擾。他們最後通過了我的研究計畫。

現在，我面臨合法取得古柯鹼的問題。當時我沒有使用管制藥品的執照，但幸好法醫有，我們向一家化學藥品供應商購得古柯鹼。在後來的一些研究中，包括海洛因在內，我們負擔不起向供應商購買藥品的花費，必須仰賴國內各犯罪實驗室的捐獻。隨著研究範圍擴大，我們也必須將執照升級，以涵蓋更多藥物與毒品。時至今日，我們大概可以合法取得市面上所有的管制藥品了。這些年來，我和美國緝毒局（U.S. Drug Enforcement Administration，簡稱DEA）的人員有過一些相當有趣的談話，最近一次的開場白是：「哦，又是你啊。」而當我騎著我的摩托

車，因為一般的交通違規被攔下來時，我常頭痛要怎麼解釋隨身攜帶的海洛因、古柯鹼或其他管制藥品。

○　○　○

在所有針對毒品反應的研究中，我們基本上都依循一樣的做法。我們會用4隻兔子，一隻當對照組，從耳靜脈注射10毫升正常的生理食鹽水，另外3隻當實驗組，從耳靜脈注射加了毒品的10毫升生理食鹽水。在實驗組的3隻兔子當中，其中一隻注射一般致命劑量的一半，第二隻注射致命劑量，第三隻則注射兩倍致命劑量。這些劑量皆依牠們的體重計算。在毒品的作用之下，注射致命劑量和兩倍致命劑量的兔子死亡；另外兩隻兔子則以二氧化碳施予安樂死。兔子死後，我將肝臟取出，採樣進行藥物含量分析。接著，肝組織就暴露在麻蠅群之下，建立起4個試驗群落。

蒼蠅開始拓殖後，沉悶的工作也開始了。每隔6小時，我必須從4個群落隨機挑選10隻蛆蟲進行測量，如此反覆循環，直到所有蛆蟲完成發育、開始化蛹為止。所有蛆蟲都化蛹之後，我每隔6小時查看有沒有成蠅破蛹而出。我嘗試過不同的採樣時程，但不管時間怎麼安排，到頭來我和協助我的學生都會落得筋疲力竭。所有的測量結果和時間都記錄好之後，我得到一堆有待分析的數據。我將古柯鹼的實驗結果做成一份投影片，

列出所有的原始數據。這些年來，事實證明這份投影片很好用，因為它有一行又一行、一列又一列沒人摸得著頭腦的數字，我用它來談任何主題都可以，包括國債在內，反正沒人知道這張表格與主題無關。要是沒有電腦，我很確定現在我還停在實驗初期，為了整理這些數據焦頭爛額。

初步研究的結果看來頗為明朗。我將表格上的所有數據化為一張簡圖之後，在食用有毒的兔子組織的蛆蟲當中，攝取致命劑量和兩倍致命劑量的蛆蟲發育速率明顯提高。發育速率的差異之大，昆蟲學家若是不知有毒品牽涉其中，在計算死後間隔時間時便足以產生多達數日的誤差。而一旦蛆蟲化蛹，毒品的作用似乎就消失了，從蛹到成蠅所需的發育時間沒有變化。

比較古柯鹼對蛆蟲和人類的作用還滿有趣的。吸食少量古柯鹼的人，一開始會變得極為亢奮、聒噪。當然，在蛆蟲身上看不到聒噪的反應。人類會表現得過動、神經質、精力旺盛，心跳率提高到每分鐘 110 下。這些症狀隨著古柯鹼被人體代謝掉而逐漸減輕。蛆蟲則只有進食的行為有所改變。古柯鹼提高了牠們的活力，牠們隨之吃得更快，也就攝入了更多古柯鹼的成分，從而提高了整個幼蟲階段的發育速率。但當蛆蟲來到三齡蟲的後食期，進食活動和古柯鹼的消化吸收就都停止了。蛆蟲體內的古柯鹼被代謝掉，到了蛹期之始，發育速率便回歸正常。

我對海洛因、甲基安非他命（Methamphetamin）、安米替林

（Amitriptyline）[3] 和苯環利定（〔PCP〕俗稱天使塵）[4] 做了類似的實驗，結果各有一些差異。這些藥物都會導致正常的發育模式產生偏差。多數是導致發育速率改變，也有些（例如苯環利定）不會影響幼蟲的發育速率，但到了蛹期，蟲體的死亡率卻高得離奇。這些發現強化了我的信念，我相信如果想要準確估算死後間隔時間，就要盡量蒐集更多相關資料，將各種可能存在於人體組織的藥物或毒物一網打盡。

○　○　○

1988年，我的古柯鹼研究快要完成了，一天清早，我接到保羅・凱茲從華盛頓州斯波坎市（Spokane）打來的電話，請教我對某起案件的看法。他在分析的昆蟲證據看來毫無道理，他已無計可施了。

案情要從10月12日下午3點左右說起。當時有人在斯波坎市郊的林地發現一具上身赤裸的女性遺體，死者年約20歲，面部朝下趴在一條產業道路附近的一塊空地上，空地四周被西部黃松包圍。死者左胸有數道刀傷。從現場的血跡來看，鑑識人員研判受害者是以向右側臥的姿勢遭刺，接著再翻過來面部朝下，呈現屍體被發現時的姿勢。屍體處於腐化階段的膨脹期早

3　譯注：中文商品名德利能（Trynol），一種抗憂鬱藥物。

4　譯注：一種中樞神經迷幻劑，原用於麻醉，目前列為二級毒品。

期，臉部和上半身發黑，手腳因血管破裂呈現大理石般的紋路。

　　在鑑識人員採集蛆蟲交給保羅・凱茲之前，屍體已冷藏5天。他將這些蛆蟲養在裝了沙子的容器裡，用牛腎飼育至成蠅階段，並從成蠅鑑定出兩種麗蠅，一種是屍胺藍蠅（*Cynomyopsis cadaverina*）[5]，另一種是絲光綠蠅，兩者皆為華盛頓州的屍體上常見的種類。屍胺藍蠅通常在死者死後第一天或第二天到屍體上產卵。絲光綠蠅則是第一天就到屍體上產卵，而且偏好明亮的白晝。本案的陳屍地點對絲光綠蠅而言相當完美。

　　令凱茲不解的是蛆蟲的發育階段。牠們絕大多數長6到9公釐，有鑑於當地的氣候條件，這代表牠們大約經過了7天的發育。其餘蛆蟲多半比較小隻，符合成蠅經過數日產卵活動的尺寸；屍體毛髮中的卵團可為產卵的活動佐證。接下來就是有問題的蛆蟲了，牠們有17到18公釐長，根據當地的氣溫，蛆蟲需要大約3週才能長到這種尺寸。除了昆蟲以外，本案尚有其他證據，3週的時間長度和其他證據兜不起來。

　　凱茲的第一個想法是：這些超大隻的蛆蟲可能是從附近別的動物屍體上跑來的。但他搜遍那一帶也沒找到半塊腐屍，而且如果是從其他來源遷徙而來，這些巨型蛆蟲的數量應該要比採集到的更多才對，於是他推翻了第一個假設。凱茲一籌莫展，便打來看我有沒有什麼主意。接到他的電話時，我正坐在我的

5　譯注：此種類無既定譯名，在此依其學名翻譯。

書桌前，盯著列印出來的古柯鹼研究結果。我問他死者體內有沒有藥物殘留的證據，他不清楚，但會去確認一下再回電給我。我建議他指明詢問是否有古柯鹼，主要是我手上只有古柯鹼的相關數據。過了45分鐘左右，凱茲打來問我怎麼知道有古柯鹼牽涉其中，以及若有古柯鹼會怎麼樣。我很想針對我過人的邏輯推理能力誇誇其談一番，但決定還是說實話好了——我說我僥倖猜對了。

　　有了溫度數據，也知道死者吸食古柯鹼之後，我將實驗得來的生長曲線套用到實際的案件上。我按照人類吸食古柯鹼近致死的劑量來調整生長曲線，結果發現最大隻的蛆蟲需要的發育時間約為7天，屍體上絕大多數的蛆蟲亦然。但這些蛆蟲怎麼會接觸到那麼大量的古柯鹼呢？屍體組織中是有古柯鹼，但含量沒那麼高。當我們知道死者攝入古柯鹼的方式之後，答案就明朗了。她是用鼻子吸食。而那些17到18公釐長的蛆蟲全都是從口鼻採集而來。隨著本案的事證浮現，我們得知死者歷來都有濫用古柯鹼的習慣，而且她死前正在吸食古柯鹼。顯然，大隻的蛆蟲是在鼻腔一帶取食，此處的古柯鹼含量比屍體其餘部位高出許多，因此牠們的發育也就比其餘蛆蟲來得快。

○　　○　　○

　　我的研究室對古柯鹼和海洛因的實驗報告發表之後，吸引

了一些對這個主題有興趣的昆蟲學家和病理學家。後續研究的目標之一，在於找到辦法透過化驗蛆蟲來判斷人類攝取的藥物量。義大利巴里市（Bari）的法蘭契斯可・因特羅納（Francesco Introna）為這項工作做出很大的貢獻。他用來自40具屍體的肝組織餵食蛆蟲，這些屍體曾驗出有嗎啡形式的海洛因。餵給蛆蟲之後，因特羅納利用放射免疫分析（radioimmunoassay，簡稱 RIA）測得蛆蟲體內的嗎啡，發現蛆蟲體內的嗎啡濃度和牠們食用的肝組織之間有很強的關聯性。他的研究成果別具意義，但卻缺乏統計學上的重要性。截至目前為止，專家學者還未能掌握經由蛆蟲判定藥物含量的技術。

對於藉由化驗昆蟲判定屍體的藥物濃度，我自己的涉獵經驗來自新英格蘭的一起案件，該起案件是康乃狄克州的法醫愛德華・麥可唐諾（Edward McDonough）轉來給我的。他接手處理一具中年婦女木乃伊化的屍體，死者在住所被一名法拍屋房仲發現。鑑識人員檢查屍體周圍時，發現了幾個處方藥容器，多數皆為空瓶。標籤羅列了各種不同的藥物，包括安比西林（ampicillin）、去氧羥四環素（doxycycline）、西華克樂（ceclor）、紅黴素（erythromycin）、止瀉寧（Lomotil）、阿米替林（Elavil）、鎮痛新（pentazocine）和泰諾三（Tylenol 3），此外也有一些名為「Rugby 0230」的藍色蛋形藥錠。

屍體外部有木乃伊化的皮膚、一些屍蠟（組織水解所產生的蠟狀物質），還有昆蟲的糞便，在大量累積之下形成一條條長

線。解剖發現一些木乃伊化的器官，許多都受到昆蟲大範圍的侵襲。胃裡有小隻的蛆蟲和不明的粒狀物質。屍體沒有傷口，也沒有罹患任何致命重症的跡象。毒物分析顯示，在胃內容物和脫水的腦部組織中，阿米替林和去甲替林（nortriptyline）的含量足以致命，此外也有較為小量的苯海拉明（diphenhydramine）[6]和古柯鹼。

在現場和解剖過程中，麥可唐諾從屍體上採集到蒼蠅的空蛹、鰹節蟲幼蟲蛻下來的皮，以及昆蟲的排泄物。他將這些樣本送到位於匡提科的聯邦調查局實驗室化驗。在史密森學會（Smithsonian Institution）的昆蟲學家鑑定之下，蒼蠅空蛹研判為蛆症異蚤蠅（*Megaselia scalaris*）所有，鰹節蟲幼蟲蛻下來的皮則為白腹鰹節蟲所有。

阿米替林是一種三環抗憂鬱劑（tricyclic antidepressant，簡稱TCA）。當時，我正在研究腐化組織中的阿米替林對緋角亞麻蠅（*Parasarcophaga ruficornis*）發育速率的影響。我的研究室有牠們的空蛹，這些空蛹來自食用了阿米替林和去甲替林的蛆蟲，牠們所食用的組織中含有已知的藥劑量。連同我從飼育研究中得來的數據，我遞送了一些空蛹的樣本到聯邦調查局實驗室。這些樣本和那具女屍上的蛹殼及蟲皮所使用的化驗技術相同。

用蟲皮或空蛹來化驗的一大問題，在於藥物或毒素被鎖在

6　編注：一種抗組胺藥，主要用於治療過敏症。

角質層裡。蛆蟲本身是軟的,化驗方式就跟肝、腎之類的人體軟組織一樣。但要化驗空蛹,就必須先將堅硬的幾丁質／蛋白質結構分解掉,以釋放出裡頭的藥物或毒素。聯邦調查局實驗室的化學家發現,他們可用強酸或強鹼分解蛹殼,接著便能透過例行的藥物篩檢技術將其中的物質分離出來。從蛹殼和蟲皮的角質層,他們成功分離出阿米替林及其代謝物去甲替林。

比起鰹節蟲幼蟲蛻下來的皮或採集自屍體上的昆蟲糞便,來自屍體和我研究室的空蛹的阿米替林含量都更高,這是因為蠅蛆和甲蟲對食物的偏好不同。麻蠅和蚤蠅(phorid fly)的蛆蟲都以較軟的組織為食,而軟組織較有可能驗出藥物或毒素急性中毒的劑量。在屍體化為乾掉的皮膚和軟骨之前,白腹鰹節蟲沒有興趣去吃它,所以牠們不會吃下含有急性中毒劑量的組織。

我們希望能建立起「空蛹及蟲皮的藥物濃度」和「各種屍體組織的藥物含量」之間的關聯,但遲遲未能達成。而實驗結果確實顯示:在蛹殼、乾掉的腦組織及胃內容物中,阿米替林和去甲替林的比例一樣,同時也符合藥物急性中毒致死應有的劑量。我在實驗室中人為控制的條件下,將已知的劑量加入做為食物來源的組織裡飼養蠅蛆,得出來的結果也相同。這項研究讓鑑識人員有了新方法可用來判定涉及藥物的死亡原因。由於昆蟲的表皮層具有耐久的特性,受害者死後數年留在犯罪現場的空蛹基本上不會變質,存在於蛹殼構造中的藥物和毒素相對也不會改變。如今既然已有辦法化驗空蛹中的物質,鑑識人

員就能在死者死亡數年後驗出這些成分了。

○　○　○

　　過去幾年，新型態毒品的出現大大提高了必須納入考量的毒品數量，也使得藥物篩檢和死後毒物化驗更趨複雜。近來我面臨的其中一種新興毒品，就是俗稱搖頭丸、快樂丸、亞當或綠蝴蝶的亞甲基雙氧甲基安非他命（3,4-methylenedioxymetham-phetamine，簡稱MDMA）。這種物質沒有公認的醫療效果，而且遭到濫用的可能性很高。對夏威夷群島來說，它是相對陌生的一種毒品，但它在世界上的其他地方已相當普遍。就某些方面，這種毒品和其他許多我試驗過的毒品效果不同。若以注射兩倍致死劑量的兔子組織餵食蛆蟲，牠們的生長速度明顯快了很多，而且死亡率較低。不管是和給予正常兔子組織的對照組相比，或是和毒品劑量較低的實驗組相比，牠們的死亡率也較低。蛹期的死亡率亦然，儘管從蛹到成蠅所需的發育時間大致一樣。這類毒品呈現出來的模式和我試驗過的甲基安非他命不同，也顯示出我無法準確預測它們對推算死後間隔時間的影響。在這個領域還有大量的研究工作要做，有鑑於當前藥物濫用問題在美國愈趨嚴重，相關的研究工作至關重要。

10 | 心理調適
Coping

在某一場法醫昆蟲學的講座結束後，觀眾問我的第一個問題就是：「你怎麼受得了啊？不會做噩夢嗎？」如同我常給的答覆，在職業生涯之初，我很早就學會自己必須拉開距離，不帶個人情感地看待我經手的案子，否則我不止受不了令人毛骨悚然的命案現場，工作起來也可能受到先入為主的偏見影響。我或其他鑑識科學家在調查上可能犯的錯，最糟糕的莫過於為任何人辯解。我不是執法單位的一員。我的任務僅在於針對某一類型的證據提供客觀的分析。我盡力做好分內之事，其他領域的調查工作就交給更有資格的專業人員。我必須不惜一切抗拒越俎代庖的衝動，以及「將壞人繩之以法」的情緒。

　　當兵的經驗對我日常面對死亡有一些幫助。在軍方的病理實驗室服役兩年期間，我協助了許多驗屍工作，但當然這些案件的死者是在別處死亡，我只在停屍間平靜的氣氛、衛生的環境下看到他們的屍體。所以，初次面對犯罪現場，我心裡是很不安的。案發現場一般都有施暴留下的證據，窮凶惡極的暴力行為置受害者於死地，而這一切就幾無遮掩地攤在我面前。

　　我的調適方式通常是將自己抽離開來，不去想又有一個人喪命的事實。在多數案件中，死者生前最後幾分鐘或幾小時都受盡折磨。我設法保持科學上的超然，將屍體視為有待檢驗的樣本，而不是一個死前飽嘗痛苦與恐懼的人。屍體愈新鮮就愈像活人，我也就愈難保持無動於衷。幸好，我所接觸到的屍體許多都已嚴重腐爛，看起來比較像我多年前在動物實驗課上處理過的標本，只不過體型較大罷了。

　　我設法專注在屍體及其周遭如火如荼的昆蟲活動上，以此保持冷靜超然的態度。在夏威夷，與人類腐屍有關的昆蟲和節肢動物高達兩百多種。屍體暴露在昆蟲活動下的時間愈久，昆蟲的種類就愈多，我要解開的謎團也相形複雜。每隻昆蟲做的事各有不同，我忙著解讀牠們的活動，常常投入到幾乎可以忘記牠們是在一具屍體上。

　　但也只是「幾乎可以」。我從來沒能徹底漠然地看待我所檢驗的屍體。我也相信，如果我對這一切習以為常到無動於衷的地步，那我大概該去找別種工作來做了。我不曾見過哪個法醫

昆蟲學家變得那麼鐵石心腸的。我倒是知道有些同行太過投入案件之中，到了危及自身心理健康的地步。解開某一起案件或許能防止同一名凶手再犯，然除此之外，犯罪預防不在法醫昆蟲學家的工作範圍之內。我總試著從過去學習，但不在已經過去的事情上糾結太久。

在所有的調適辦法中，有點變態的幽默感對我幫助最大。手邊任務再沉重，命案鑑識人員似乎總不忘幽默一下。外人可能很難理解，但笑聲和玩笑話有助於緩和難以負荷的緊繃氣氛。

然而，面對工作過程中的所見所聞，即使有這些調適的辦法，我還是很難和某些案件拉開距離，尤其是涉及兒童的案件。在前面的章節，我提到過一個30個月大的孩子的遺骸，她被埋得很淺，身上仍穿著粉紅色的風衣和粉紅色的運動鞋。這些和我家小女兒的衣物是一樣的尺寸、一樣的顏色、一樣的牌子。見到這些衣物，我的反應連我自己都始料未及──那天晚上回家之後，我決定給我女兒買新的外套和鞋子。

∘　∘　∘

倘若受害者還活著，我就覺得幾乎不可能將自己抽離開來。在我經手的案件中，我處理的多半是侵襲屍體的蒼蠅。但不是所有蒼蠅都會等到受害者斷氣，有些種類的蒼蠅直接以活體組織為食。蛆蟲侵襲活生生的組織和器官，造成所謂的「蠅蛆症」

（myiasis）。

　　文獻載有多種取食活體組織的蒼蠅，牠們多為麗蠅和麻蠅。蒼蠅對生肉的需求因種類而異。有些種類似乎是偶然吃下了活體組織，因為活體組織離牠們吃的東西很近，例如傷口中已壞死的組織或其他腐爛物質。有些種類則是非吃活體組織不可，否則無法完成發育。昆蟲學家和寄生蟲學家都相當關注蠅蛆症。此一主題最重要的著作是德國昆蟲學家赫茲・贊普特（Fritz Zumpt, 1908-1985）的《舊大陸人類與動物之蠅蛆症》（*Myiasis in Man and Animals in the Old World*, 1965）。贊普特提出蠅蛆症有兩種演變的途徑：食腐和食血。食腐種類一開始以腐肉為食，演變到後來，蠅蛆症成為牠們生命週期中必要的一部分。食血種類原是生活在宿主窩巢內的掠食者，牠們從叮咬宿主吸血演變成以宿主的組織為食。贊普特認為，不管是這兩種的哪一種，取食活體組織原本皆屬偶然。

　　有些種類對牲畜來說是很嚴重的害蟲，偶爾也有人類受害，例如麗蠅科的螺旋蠅（screw-worm fly）。在羅伯特・F・哈伍德（Robert F. Harwood）和毛利斯・T・詹姆斯（Maurice T. James）合著的教科書《人類與動物健康昆蟲學》（*Entomology in Human and Animal Health*）當中，他們提到了1883年人類受害的一個案例。堪薩斯州一名男子在睡覺時，原生螺旋蠅（*Cochliomyia hominivorax*，俗稱primary screw-worm fly）跑到他的鼻子產卵。他被蛆蟲寄生之後，一開始出現重感冒的症狀。後來，隨著蛆蟲在他鼻子和頭

部的組織上取食，症狀變成鼻子和頭部嚴重發炎，他也變得有點神智不清。感染的情況持續惡化下去，蛆蟲啃食他的軟顎，損害了他的發聲功能。醫生設法清除所有蛆蟲，也確實取出了250多隻。此時受害者似有復原的跡象，但後來蛆蟲侵襲他的耳咽管，病況接著惡化，最終還是回天乏術。

寄生蟲對宿主的侵襲大都頗為直截了當，但有一種侵襲宿主的方式著實古怪。人膚蠅（*Dermatobia hominis*，俗稱 human bot fly）分布於墨西哥、中美洲和南美洲，牠們廣泛寄生在各式各樣的哺乳動物身上，包括人類在內。成蠅棲居於森林中，離牠們的宿主很遠，蛆蟲和宿主難有任何直接的接觸。成年雌蠅準備產卵時會去抓另一隻蚊蠅類，通常是抓以血液為食的種類，然後用膠水般的分泌物將牠的卵附著在對方的胸部或腿部。這些卵有特定的附著方式，在此附著方式之下，蛆蟲破卵而出的那一端會對著下一個宿主。當吸血蚊蠅降落在哺乳動物身上大快朵頤時，人膚蠅的蛆蟲就破卵而出，鑽進宿主的皮膚。蛆蟲在皮膚底下的膿瘡當中完成發育，成熟的三齡蟲再破皮而出，來到林地上的枯枝落葉層，開始新的一輪生命週期，如此反覆循環。當宿主是人類時，蛆蟲通常不會造成嚴重的不適。

我第一次接觸到這個種類是在檀香山的急診室。患者去南美洲度假，回來後不久，他就注意到自己臉上有兩個地方疑似遭到感染。急診室醫生按壓其中一處，結果一隻八分之三吋長的蛆蟲噴了出來。我抵達時，患者還滿平靜的，倒是那位醫生

顯得驚魂未定。

○　○　○

　　遭到蛆蟲侵襲不一定是壞事。蛆蟲的益處最早見於拿破崙的戰地醫生拉弗里（Lavrey）於1799年留下的紀錄。根據他的觀察，傷兵滯留在戰場上的時間若是久到傷口長蛆，那他們比立刻接受治療的傷兵更有機會復原。道理很簡單，蛆蟲只吃壞死的組織，而且由牠們來清創比任何醫生都更有效率。此外，蛆蟲分泌的尿囊素（allantoin）也有助傷口癒合及預防感染。

　　首度刻意借助蛆蟲清創的做法，則可追溯到美國內戰期間美利堅邦聯的軍醫扎卡里亞斯（Zacharias）。在那之後有段時間，蛆蟲持續被當成一種治療方式。我這裡有一份相關研究的影本，該研究於1933年由喬治・C・德雷禾（George C. Dreher）發表在《牙科調查》（Dental Survey）期刊上，內容是關於用蛆蟲來清除壞死的牙髓。蛆蟲療法最終基於明顯的原因趨於式微，但近來美國各大醫院又開始用蛆蟲清理嚴重感染的傷口，箇中翹楚要數加州長灘榮民醫療中心（Veterans Affairs Medical Center）的羅納德・A・薛爾曼（Ronald A. Sherman）。

　　除了對疏於照料的傷口可能有醫療的妙用，就鑑識科學而言，蛆蟲的活動也可應用於活人受害者身上。在偉恩・洛德提過的一個案例中，有數名孩童因嚴重的尿布疹、營養不良和整

體疏於照料被送進醫院急診室。身體檢查發現他們的肛門和生殖器一帶長蛆。院方將蛆蟲採集並保存起來，交由一名法醫昆蟲學家檢驗。經他研判，蛆蟲已發育4到5天，從而推斷孩子們上一次換尿布是4、5天前的事情了。在此一案例中，昆蟲提供的資訊是孩子受虐時間長短的唯一證據。而在決定孩子未來命運的聆訊過程中，昆蟲學家的發現有著相當的分量。

像幼童一樣，衰老的長者也有受虐和疏於照料的風險。我自己就參與過數起相關案的件例。住在照護機構的老人被發現患有嚴重褥瘡，褥瘡裡有著發育良好的蛆蟲。在這些案例中，蛆蟲對患者是有益的，因為牠們的活動降低了感染發炎和形成壞疽的可能。從鑑識的角度而言，蛆蟲證明了疏於照料的時間長度。照護人員聲稱每天都幫患者洗澡，但臥病在床的人若是天天洗澡，瘡口要長出5天大的蛆蟲極為困難。

與家人同住的長者受到疏忽甚至更令人難受，因為在傳統觀念上，家庭被認為是長輩們最強的依靠。在一起格外令人心寒的案子中，我被找去檢驗一名老嫗的屍體，是家人發現她死亡的。曾經中風的婦人與兩名成年子女及孫兒女同住。根據她女兒的說法，下午一點左右去查看時她還活著，但下午5點半再看就沒氣了。法醫辦公室的鑑識人員抵達時，死者包著尿布、穿著連身裙坐在輪椅上，他們一眼就看出死者渾身的髒污和穢物。後來，在停屍間脫掉尿布時，鑑識人員發現尿布裡滿是蛆蟲，屍體下背部有大片腐爛壞死的組織，範圍甚至深及腹腔，

裡頭也有一堆蛆蟲。我被叫去採樣，並按照蛆蟲的發育階段提供死後間隔時間的估算值。

我採集到的蛆蟲皆為9至10公釐的三齡蟲。我將樣本飼育至成蟲期，鑑定牠們的種類為麗蠅科的絲光綠蠅。我從屍體上採集到或觀察到的蛆蟲皆未發育到後食期，最成熟的蛆蟲正發育到第三齡的一半。參酌既有研究中的發育時間，並依據正常人體溫度調整過後，我推算這些蛆蟲至少要經過32小時，才會發育到這個階段。

就蛆蟲發育到各個階段所需的時間而言，目前已發表的蒼蠅生命週期研究通常有幾種不同的算法。在一窩蒼蠅裡面，「最短發育時間」是指第一批蛆蟲達到特定發育階段所需的時間，「最長發育時間」是指最後一批蛆蟲達到特定發育階段所需的時間，「眾數」是絕大多數的蛆蟲達到特定發育階段的時間，「平均數」是所有蛆蟲達到特定發育階段所需的平均時間。基本上，所有研究都會列出最短發育時間和最長發育時間，多數研究也會列出眾數或平均數。以這起三齡蟲的案件而言，最短發育時間對我沒有幫助。若依最短發育時間來看，我的樣本應該有一些還在第二齡。但由於樣本中沒有二齡蟲，眾數對我的樣本來講才是合適的數值。此一數值顯示蛆蟲約經過50小時的發育，符合本案所發現的其他證據。不幸的是，在嚴重的法律漏洞之下，這名老婦雖然明顯受到虐待，但卻沒人受到審判，因為受害者在受虐事件曝光前就已經死了。

∘ ∘ ∘

　　虐待兒童的案件尤其令我痛心。我碰過最慘的一起案件要
從1990年4月說起，一名男子沿著歐胡島的威爾遜湖（Lake Wilson）散步，他以為自己聽到困在樹叢中的狗或貓在叫。他找人
一起幫忙搜索那片區域，結果他們發現的不是狗也不是貓，而
是一名16個月大的女嬰。女嬰有脫水、瘀傷的現象，而且渾身
滿是蚊蟲叮咬的痕跡。鑑識人員初步研判她被丟在野外兩天了，
要是沒人發現，可能在接下來24小時內就小命不保。

　　她被發現時包著尿布、穿著一條粉紅色的褲子，肛門和生
殖器一帶明顯有大量蛆蟲滋生。檀香山警局找我前往協助調查。
急診室的醫護人員從孩子身上採集了蛆蟲，我將樣本帶回實驗
室鑑定。我也查看了尿布和褲子，並發現褲子正面整片都是麗
蠅卵團，尿布裡則有麗蠅的一齡蟲和二齡蟲。我在實驗室將這
些蛆蟲飼育至成蠅的階段。一齡蟲長3到4公釐，二齡蟲才剛
邁入第二齡，身長只有5公釐。褲子上採來的卵就快孵化了，
裡面清楚可見發育良好的一齡蟲。

　　成蠅破蛹而出之後，我判定牠們是很常見的麗蠅種類——
大頭金蠅。截至當時為止，幾乎在我所經手的每一起案件中都
會看到這種麗蠅，但我還不曾在夏威夷的蠅蛆症病例中見過。
這些蛆蟲顯然是在尿布疹的患部和肛門及生殖器的活體組織上
取食。研讀此一種類的相關文獻之後，我發現在大頭金蠅其他

的分布地區，牠們曾涉及蠅蛆症的病例，但說也奇怪，在夏威夷不曾有過。既有的病例被分類為兼性外傷蠅蛆症（facultative traumatic myiasis）[1]，此類病例的蛆蟲侵襲包含人類在內的動物傷口，但牠們吃的是活體組織，而非壞死的組織。我推測雌蠅最初是受到尿布裡累積的排泄物所吸引，產在褲子外面的蠅卵孵化之後，蛆蟲便轉移陣地到尿布裡以排泄物為食，一旦這個食物來源耗盡，牠們就侵襲嚴重尿布疹造成的瘡口，接著再進入生殖器和直腸。根據我在實驗室得來的結果，我估計這一切是在大約23小時的期間內發生。

除了蠅蛆發育到從孩子身上採樣時所需的時間之外，我也能做一些其他的判斷。我知道這種蒼蠅不會在移動的物體上產卵，只要有一點點的風吹草動，雌蠅就不產卵了。更有甚者，大頭金蠅及其相關的種類偏好在暗處產卵——這意謂著牠們慣常是在屍體的底側產卵。有鑑於卵團的規模和卵團在女嬰褲子上的位置，我推測她在被發現前已靜止不動趴了至少23小時。

在大陪審團程序及後續的審判中，我都被請去為這個案子作證。這孩子名叫海瑟，案情水落石出之後，原來是她母親把她放在嬰兒車裡，帶著另一名年紀較長的女兒一起去散步。到了威爾遜湖湖邊，她叫6歲大的女兒把妹妹從嬰兒車裡抱出來放在湖畔，接著就帶著姊姊離開。當她的前夫（亦即海瑟的父

1 譯注：相對於一定要有宿主才能存活的「專性」寄生，「兼性」寄生意指無宿主亦能存活。

178

親）問及女兒的去向時，她說海瑟被社工帶走了。但由於她告訴警方海瑟被兩名黑人男子綁架，陪審團不相信她的說詞，並判她殺人未遂。

本案後來上訴至夏威夷州最高法院，部分是基於辯方主張我的證詞擾亂了陪審團的判斷。辯方表示，我對蛆蟲活動的生動描述致使陪審團無法客觀看待證據。我想，要人同情一個拋棄孩子的母親確實很困難吧，尤其如果孩子身上還長了蛆。到了最高法院，儘管有異議，絕大多數的意見仍是維持有罪的判決。意見分歧者則是認為，我用來說明昆蟲證據的投影片和一瓶瓶用作証據的蛆蟲，任誰看了都會心生波瀾，被告也就無法得到公平的審判。發生在那孩子身上的事，還真是掀起我內心莫大的波瀾。在此很高興告訴大家，她後來恢復健康了，而且由她的阿姨收養。

本案讓我體認到，昆蟲學家若是不識昆蟲在活體組織上的活動，很容易就會對昆蟲證據做出錯誤的解讀，並對死後間隔時間做出不準確的估算。在接觸到這起案件之前，我以為夏威夷的蠅蛆症與大頭金蠅無關。如今看來，在某些情況下，這種麗蠅顯然會在活人身上取食。海瑟若是在被人發現前死亡，蛆蟲若是由別人採集，我對死後間隔時間的估算就可能有高達39小時的誤差。若是不知蛆蟲採自海瑟身上的何處，我便會假設她的身體在整個蛆蟲發育期間都很冰涼，而不是處於將近華氏98.6度的正常人體溫度。因此，我也會假設蛆蟲在冰涼的人體

上花了較久的時間發育，我對死後間隔時間的推估也會比實際經過的時間更長。但如果是我親自檢查屍體，基於蛆蟲大量集中在陰部和肛門一帶，頭部的孔竅卻沒有蛆蟲，我就會警覺到受害者有罹患蠅蛆症的可能。

○　○　○

對法醫昆蟲學家來說，採證的方式可能造成一些必須處理的問題。在別人寄來給我的昆蟲樣本中，經常有採集者沒記錄昆蟲在屍體上的分布位置，有時甚至缺少樣本的採集時間。我總會設法取得這些資訊，但不一定成功，後續就會有解讀錯誤的危險。未受昆蟲學專業訓練的人見到屍體上的一堆蛆蟲，一時間招架不住也是常有的事。在這樣的情況下，鑑識人員經常忽略依屍體部位分門別類的必要性，尤其多數蛆蟲長得都很像，結果就是所有樣本全都裝在一起寄給我。

有時甚至在昆蟲證據被毀後，昆蟲學家才參與案件調查。諸如此類的情況，昆蟲學家通常被要求根據照片推算死後間隔時間，像是犯罪現場或驗屍過程中所拍攝的照片。而提出要求的人，往往是力爭上訴機會的辯方律師。我自己不會輕易接下這種案件，也力勸其他同行拒絕為妙。只根據照片推算死後間隔時間是相當站不住腳的，尤其如果照片上主要呈現的焦點並非昆蟲。很不幸地，並非所有法醫昆蟲學同行都認同我的立場，

我還是參與了幾起僅根據死亡現場照片推算具體死後間隔時間的案件。我在這些案件中的角色，主要是負責說明這種算法的限制。

　　未在適當的時間內謹慎採集證據，事後又過於仰賴犯罪現場的照片，如此一來會有什麼後果，1988年9月14日的一起案件最能說明。那天下午，一名7歲女童的屍體在中西部的郊區被人發現。死者身著睡衣以床單包裹，露出頭部和肩部，頸部纏繞了一條繩子。女童生前最後被人看到是在9月10日，4天後已成一具冰冷的屍體。

　　雖然屍體是在9月發現的，承辦的昆蟲學家卻是到了同年12月才被找去，他獲准從存放在警方證物櫃的床單和睡衣上採樣。由於當時在勘查現場和驗屍的過程中皆未採集昆蟲樣本，如今樣本脫水皺縮，狀況很不好，但那位昆蟲學家仍能鑑定牠們的種類。檢驗過存放在警局的證物後，昆蟲學家被帶去犯罪現場。他仔細查看那一帶，並從土壤和廢棄物中採集樣本，以便後續與該案的證物做比對。除此之外，警方提供他39張在犯罪現場及驗屍過程中所拍攝的照片、一些氣溫數據和相關報告的影本，包括法醫報告、藥毒物報告以及調查人員的報告。

　　根據那位昆蟲學家的報告，他從證物上看到的昆蟲絕大多數是蠅蛆，但也有一些掠食性的隱翅蟲，種類為大隱翅蟲。他從衣服上採集到的蛆蟲有兩個麗蠅科的種類——伏蠅和絲光綠蠅，其中伏蠅數量最多。用這些樣本和現場及驗屍的照片，他

判定最成熟的樣本是處於後食期前半段的三齡蟲，剛開始準備化蛹。他對自己的判斷很滿意，接下來，他提出一連串的時間，這些時間代表在現場主要的環境條件下，兩種麗蠅完成不同的發育階段至少需要多久時間。他沒有列出資料來源，只說這些數據是「根據數次重複實驗得來的平均值」。檢驗過照片和採集的樣本後，他推斷最成熟的樣本為進入後食期約36小時的三齡蟲。基於這些假設，伏蠅達到此一發育階段需要112小時，絲光綠蠅則需115小時。他在報告中提出的死後間隔時間估算值為112至115小時，生物時鐘停在9月14日晚上9點。從這個時間回推，他宣稱死者是在9月10日凌晨一點到4點之間死亡。根據他的估算及本案的其他事證，調查人員指控女童的雙親殺害她。

辯方律師請我審核那份報告，因為他雖然不諳昆蟲證據和相關技術，但以本案的情況來說，死後間隔時間的估計值似乎精確得非比尋常。檢方昆蟲學家拿到的所有書面資料，乃至他所寫的報告，辯方律師都提供給我了。我無法取得他從床單和睡衣上採集到的樣本。閱讀書面資料及檢視照片時，我不禁覺得那位昆蟲學家提出的時間範圍太窄了，死後間隔時間很難算得那麼精確。事實上，我認為就連親自從陳屍現場和驗屍過程採樣的昆蟲學家，都無法提出那麼窄的時間範圍。我看不出來那位昆蟲學家如何能合理、科學、確鑿地得出這麼精準的結論。

多數照片都是拍來記錄屍體和周遭環境，雖然涵蓋了各種

角度，但主角不是蛆蟲，畫面中也沒有足夠的細節可準確判定種類或發育階段。許多照片上都沒有比例尺，有些照片雖有比例尺，但因曝光不良，看不清比例尺上的刻度。在我看來，根據這些照片，無法確定最成熟的樣本位於屍體何處、尺寸又是多長。然而，這些照片卻是推算死後間隔時間的根據。雖然我沒看到採自床單和睡衣的樣本，依我過去的經驗，牠們對判定發育時間的用處非常有限。不過，牠們一定能用來鑑定種類，我也完全相信那位昆蟲學家有這方面的能力。但以樣本的狀況來講，要說牠們是後食期初期的三齡蟲，我嚴重懷疑這種說法能否成立。若是處於後食期，那牠們就該離開屍體，四處尋覓一個安全的地點化蛹。但照片上的蛆蟲仍是積極取食的蛆團成員，表示樣本最有可能還在第三齡尚未後食期的階段。

　　我對控方那位專家提出的發育時間也存疑。他所說的時間和我數據庫中的資料略有歧異，也比我所預想的發育速度更快。更有甚者，在他的分析當中，這些時間被用作最小值，但他又說是經過幾次實驗得來的「平均值」。以相同的實驗而言，我不明白一個數據怎能既是最小值，又是平均值。此外，我也希望自己知道這些實驗的「最長發育時間」和「最短發育時間」。對我來說，這些數值常比平均值更能用來界定時間範圍。舉個例子，9可能是8和10的平均值，但也可能是從1到20任何一組數字的平均值。昆蟲學家提出的死後間隔時間估計值事關重大，報告中應該要把計算範圍說清楚才是。

　　我也懷疑用來推算昆蟲活動時間長短的溫度數據。這些數據來自距離犯罪現場40哩的機場，那位昆蟲學家並未查證兩者之間是否有任何落差。即使在夏威夷，各地氣溫相對一致，我也不敢假設40哩外的氣溫足以代表現場的狀況。

　　那位昆蟲學家似乎也做了另一個假設，亦即在1988年9月14日晚上9點屍體送進冰櫃時，蛆蟲的取食與發育便立刻停止，而且是永遠停止。我幾乎可以斷言情況絕非如此。雖然屍體在放進冰櫃不久後，蛆蟲的活動就會慢下來，並且幾乎完全停止，但卻不是立刻就停下來，尤其如果已經形成集體取食的蛆團。有些發育活動還會繼續下去。一旦從冰櫃取出，屍體開始回溫之後，蛆蟲也會跟著回溫，並重新開始取食的活動。本案中，昆蟲樣本與屍體分開存放，屍體在冰櫃，從床單和睡衣採集的樣本則另行存放在非冷藏區。在這樣的情況下，如果仍有食物來源，例如組織碎屑或腐化作用產生的液體，蛆蟲就會繼續發育，直到食物來源耗盡為止。那位昆蟲學家在12月採集的樣本，情況就會是如此。這些樣本不見得能反映屍體被發現當時的發育階段。我認為床單和睡衣被存放在證物櫃時，蛆蟲仍繼續牠們的發育。

　　根據我審核的這些資料，我判定檢方昆蟲學家提出的估計值是有可能成立，但正確度很低，而且他顯然並未提出完整的可能範圍。依他之見，蛆蟲是進入後食期36小時的三齡蟲，如果我接受這個結論，那麼我推算的死後間隔時間下限會是96小

時，而非他提出的112小時；我推算的上限則會是140小時。但如果我是對的，蛆蟲實際上並非處於後食期，那麼死後間隔時間的下限就會是61小時，上限則是104小時。根據我先前的經驗，這些時間符合照片上屍體的外觀。按照檢方昆蟲學家估算的死後間隔時間，犯罪嫌疑人顯然僅限於女童的雙親，我推算的估計值則非如此。

他說他是根據照片上的蛆蟲尺寸計算時間，我還是很納悶他怎能算得那麼精確。我沒看到任何符合那種精確度的樣本。

在出席一場法醫昆蟲學研討會的前一天，我完成報告並交給律師。那場研討會上，我要提出一份人體腐化模式的報告，以及一份將昆蟲用做毒物篩檢樣本的報告。檢方那位昆蟲學家是跟我排在同一場的報告人，他報告的主題是用麗蠅來推算死後間隔時間。由於我們是同一個案件中對立的兩方，我決定在研討會上少和他接觸，心想他應該也會小心避嫌，以免顯得我們在討論案情似的。我也和辯方律師約在會後見面，因為他在舉辦研討會的城市有另一起案件要處理。我沒見過他，只在電話上和他交談過，我相信我們自有辦法認出彼此。

做完報告之後，我就坐在觀眾席。我發覺有一名穿得比多數昆蟲學家都體面的男子走了進來，在房間後排的位置坐下。我沒再多注意他，因為檢方那位昆蟲學家開始他的麗蠅報告了。一、兩分鐘之後，我很訝異他竟談起我倆都在處理的那起案件，而且談得鉅細彌遺。他放了那些照片的投影片，並說明他所做

的分析。顯然，他不知道我也在處理同一個案子。報告中，他回答了從一開始就令我想不透的問題：他所測量的那些蛆蟲在哪裡？結果，原來他的分析多半是根據照片中屍體下顎上的一隻蛆蟲，單單就只那麼一隻而已。

　　報告結束後，觀眾紛紛舉手發問，率先被點名的是那位穿著體面、一進來就引起我注意的男子。他一開口，我便認出那是辯方律師的聲音。他問了幾個問題，待觀眾散去之後，他還走上前到講台去。看起來，檢方昆蟲學家也沒多想自己可能在跟誰說話，他對辯方律師又更詳細地說明了他的分析。我對眼前的景象相當不安，便試圖打斷他們的談話，但我只是白費工夫。檢方昆蟲學家滔滔不絕，自以為在和一個對他的工作有興趣的人談話。談完之後，律師似乎不在乎那天下午是否花時間看過我交的報告了。他此行已有超乎預期的收穫。走回會談室的一路上，他都吹著口哨，心情愉快地悄聲說著：「我逮到他了。他跑不掉了。」

　　辯方律師最終沒有機會逮到他。在證據揭示程序中[2]，檢察官一收到我的報告，就撤掉他們那位昆蟲學家的證詞，而我從來不曾被叫去作證。到了最後，女童的母親被判無罪，但父親被判有罪。那位母親獲釋不久後，我聽說她拿了退還的保釋金，丟下牢裡的丈夫跑了，多數的律師費都沒付。

2　譯注：美國法律體制中，辯方和控方在證據揭示程序（discovery）互相揭示自己取得的證據，雙方皆有資格取得對方握有的訊息。

11 出庭作證

Testifying

在多數案件中，昆蟲證據只能解開部分的謎團，通常是釐清死後經過時間。但有時候，昆蟲學家收集的證據有助於解釋死者喪命時的狀況，例如以下來自大峽谷國家公園的案件。

1992年8月26日，登山客在一片懸崖底部發現一男一女的屍體，陳屍地點距離大峽谷北緣的托恩托步道（Tonto Trail）約0.5至0.75哩處。兩具屍體相距一百呎左右，女子的腿上綁著簡陋的夾板，可見死前出了一點意外。晚間6點半左右，直升機將屍體運送到亞利桑那州弗拉格斯塔夫市（Flagstaff）的可可尼諾郡（Coconino County）法醫辦公室。屍體存放在華氏32度（攝氏零度）的冰櫃裡。法醫在1992年8月27日下午進行解剖。驗屍結

果顯示兩人皆為溺斃，儘管屍體是在一片乾燥的沙漠區發現的。兩人生前最後被人看到，是在1992年8月18日上午11點半左右。由於案發地點是國家公園，聯邦調查局和當地調查局很快就派人調查此案。

美國空軍特別調查處（U.S. Air Force Office of Special Investigations，簡稱AFOSI）的區域鑑識顧問聯絡我，請我協助推算死亡時間。幸好，負責本案的特別調查員不僅明白法醫昆蟲學的潛力，也受過一些昆蟲樣本採集和運送的訓練。我在電話中給了一些更詳細的指示，對方寄了12份屍體各處昆蟲及其他節肢動物的樣本給我。特別調查員聽從我的建議，在我們談話次日，亦即8月28日，他回到陳屍現場採集土壤樣本，並在8月31日寄來給我。

樣本在9月1日經由快捷郵件送到我的實驗室。遞送過程中，包裹在校園郵件處理系統、學院辦公室或系辦公室待的時間都很短。雖然所有樣本都包得好好的，但包裹仍舊散發一股濃烈的氣味，各辦公室都不想將包裹留得太久。我把土壤樣本倒進柏氏漏斗，放置48小時，讓所有節肢動物從土壤鑽出來，掉到底下的防腐液中。接著，我就將注意力放在昆蟲樣本上。

在調查人員寄來的標本和活體樣本中，我發現了4種蒼蠅，其中3種是腐屍上常見的麗蠅。我從深褐色到黑色的氣孔辨認出次生螺旋蠅的蛆蟲，將牠們飼育至成蠅後也確認了我的鑑定。蛆蟲當中也有紅顏金蠅的樣本，這是夏威夷很常見的麗蠅種類，

但牠們最近入侵了美國本土。第三種是伏蠅，我從養大的成蠅鑑定牠們的種類。最後一種屬於麻蠅科，我只知其「科」、不知其「種」，因為這些蛆蟲沒能發育至成蠅的階段。說來不幸，麻蠅常是如此，尤其如果牠們在化蛹前曾暴露在低溫之下。對麻蠅的蛆蟲來說，在華氏32度的溫度下過夜是很冷的。連同這些蛆蟲，樣本中也有大隱翅蟲的成蟲。這種甲蟲獵食死屍上的蠅蛆，通常在腐化初期就會抵達屍體，牠們對屍體沒興趣，只吃那些在屍體上取食的蠅蛆和其他昆蟲。

我透過解剖顯微鏡檢查土壤樣本，找出可能在過濾前就已死亡或沒通過漏斗落下的昆蟲。我另外又鑑定出3種麗蠅的蛆，也鑑定出大隱翅蟲，並從來自女子陳屍處的樣本中發現一種較小的隱翅蟲，乃至於腐化初期常見的幾種蟎蟲。徒手篩檢過後，我採集到麗蠅的蛹，並將牠們飼育至成蠅階段，這些蛹的種類是次生螺旋蠅。

連同昆蟲樣本，我也收到來自現場鄰近區域的氣象資料，來源包括大峽谷北緣和南緣的氣象站、峽谷底部的氣象站，以及幻影莊園林務站（Phantom Ranch Ranger Station）。我希望能在陳屍現場放幾天的溫濕計，以判定現場和氣象站之間的氣溫是否有任何差異，但那裡地處偏遠，路途艱險，直升機駕駛又不願靠近放置儀器。來自幻影莊園林務站的資料證明是最有用的，因為那裡的海拔高度和方位類似陳屍現場。用我拿到的氣象資料，依據溫度差異做出調整後，我推算死亡時間大約是在屍體

放進冰櫃前120小時。本案中最成熟的蛆蟲是次生螺旋蠅的三齡蟲，120小時是牠們發育到採樣時的階段所需的時間。據此推算，這對男女是在8月21日晚間喪命的。

但這兩人是怎麼死的呢？在沙漠環境中，溺斃可不是常見的死亡原因。他們是在別處溺斃，而後屍體被運到這個偏遠地點的嗎？這似乎不太可能。屍體為什麼相距一百呎？他們死後被移動過嗎？這些問題的答案藏在氣象資料之中。8月21日晚間，大峽谷與現場有一點距離的某一區發生強降雨，但雨勢大到足以造成其他區域山洪爆發。

兩人生前最後被人看到是在8月18日，照情況來看，他們偏離了穿過峽谷的步道。女子不慎摔落，腿部受傷。她的同伴爬下去救她，做了那個簡陋的夾板。或許是因為她受傷了，或許是因為天快黑了，21日晚上，他們就在峽谷底部度過。當夜裡山洪席捲峽谷，兩人雙雙溺斃，屍體被帶到下游，最後落在一道懸崖底部的岩石上，彼此相距一百呎。暴洪很快消退，水分蒸發，不留半點淹水的痕跡。白天氣溫升至華氏81度至100度，他們的衣服很快就乾了，昆蟲立刻開始抵達屍體。就這樣，他們在沙漠溺斃，屍體5天後被發現。

○　○　○

這起案件若不是發生在1992年，而是我剛涉足法醫昆蟲學

的1983年，我對死者死況的判斷只怕會被大打折扣。事實上，調查過程中搞不好根本不會有昆蟲學調查這件事。除非是在極不尋常的情況下，當時昆蟲在多數法醫眼裡都不是重要的線索，更別提犯罪現場鑑識人員或律師了。在那個年頭，法醫昆蟲學家面臨的一大挑戰，就是要教育鑑識科學界和司法界，讓有關人員認識昆蟲證據的潛能。透過各種研習營、研討會、講座和社團活動，其他法醫昆蟲學家和我成功說服有關團體，大家終於相信在封鎖線內有昆蟲學家的一席之地。回想起來，我們可能做得太成功了。在1983年，昆蟲證據要承受懷疑的眼光。到了1990年代初，情況出現變化，幾乎我們說什麼，參與命案調查的人員都願意相信。而沒有任何實務經驗的昆蟲學家竟也開班授課，指導起執法人員和其他昆蟲學家。有這些一知半解的人進入法醫昆蟲學這一行，出問題只是遲早的事。

　　以嚴謹的分析為法庭提供可用的資料，這是每一位法醫昆蟲學家的目標。法庭對科學家來說是個既陌生又冷酷的環境。如今我已多次出庭擔任專家證人，為辯方和控方都作過證。每一次步入法庭，我還是覺得像來到外星球似的。法庭裡滿是法官、陪審團、法警、行政司法官、律師和書記官等人員，書記官常常必須問我昆蟲的拉丁文學名怎麼拼。法庭上的一切就彷彿和發生的刑案不相干。當然，犯嫌人在那裡，通常有警衛守著，但也不一定。在田納西州一起案件的審判過程中，我必須在一週內往返夏威夷和田納西州納許維爾（Nashville）數次。最

後一趟，我搭乘深夜航班飛離檀香山，在早上8點半飛抵納許維爾。按照計畫，我要從機場直接到法庭和律師稍微聊一下，接著休息兩小時再出庭作證。那天上午我抵達法庭時，律師看起來有點不安。我詢問何時要回法庭作證，他問我能否現在就去洗手間換裝，因為計畫有變，我15分鐘後就要出庭。我去換了衣服，發現那裡有另一個人也在換裝。他離開前，我們稍微寒暄了一下。而我下次再見到他時，法警正護送他進入法庭。

在我所見過的多數律師身上，至今依舊令我嘆為觀止的一項特質，就是他們瞬間轉換心境的能力。在提出證詞或交叉質詢的過程中，我常被他們視為對手。但一到休息時間或那天的程序都結束時，情況立刻就變了。一離開法官和陪審團的視線，我們的談話內容就變成前一晚的體育賽事，偶爾也聊聊政治、電影和其他時事，大家甚至會拿律師開玩笑。群聚聊天的人常常包括辯方律師、控方律師、犯罪嫌疑人和法警。但陪審團一回來，每個人就又擺出法庭裡該有的樣子，審判流程繼續進行下去。這種情況常見到我已不再訝異了，但我還是覺得很不可思議。

學術人員置身司法體系大抵不太自在。科學定律和證據法則之間鮮有共同點。原則上，學術界的運作是建立在共事的關係之上。而在理論上和實際上，美國司法系統是建立在敵對的關係之上。進入司法系統的學術人員，一般都要面臨猛烈的文化衝擊。

　　直到最近，就判定法醫昆蟲學家的資格而言，法庭都還得不到什麼外界的協助。其他鑑識科學的學科都成立了委員會或其他監管機構，包括病理學、人類學、牙醫學、精神病學和毒理學在內，相關單位頒發的證書至少可證明某種程度的資格。但直到1996年，法醫昆蟲學都還沒有諸如此類的委員會或機構，要提交什麼樣的證明文件端看個別昆蟲學家。乍看之下，這樣好像沒什麼不妥，大家反正各憑本事證明自己。但這種情況實際上是一場噩夢，律師和法官無從評判昆蟲學家的資格。

◦　　◦　　◦

　　我出庭作證的過程，似乎多半都有一定的模式可循。一開始是警方或法醫找我去檢驗屍體，並採集樣本加以分析。我盡快分析完畢，盡快交一份書面報告給法醫或警方，因為調查到了這個階段總是很迫切。除了少數的例外，交完報告我就退出調查了。通常我會將案件歸檔，然後就把細節忘得差不多了。

　　然後在未來的某一天，警察或行政司法官的助理會帶著傳票來找我。他們登門拜訪的時間，幾乎總是晚上我和內人在家休息時，或我在學校的某堂課上到一半時。瀏覽傳票通常無從得知案件相關事宜。傳票上會有被告的名字、警方的案件編號，以及我要聯絡的檢察官大名。由於我只用我自己的案件編號和法醫的編號，偶爾也用受害者的名字，所以除了出庭日期外，

傳票告訴我的事情不多。照經驗來看，傳票上的日期不會是我出庭作證的日子。一旦聯絡過檢察官，我就會知道這到底是哪一起案件，通常也會發現案件延後審理，延後的時間從數星期到一年不等。

開庭的日期訂好，我就去見檢方或辯方律師，檢視一下證據，解釋我所做的分析，將律師覺得特別重要的部分都談仔細。我向律師說明我的推論，還有我的資料和結論有何限制。當然，對另一方揭示或交換雙方所握有的資訊是必要的程序。倘若對方要求，接下來我就會和對方的律師見面。這些會面總是很有趣。一方面，反方律師在法庭上要設法推翻我的論點，讓我的證詞顯得不足採信。另方面，這位律師又要表現得很專業，不能一副充滿敵意的樣子，或許是因為哪天他也可能需要我吧。我為對方律師做一樣的說明，並展開一場溫和的交叉質詢。以這場私底下的練習來說，於雙方都有益的做法是律師直接問我：我的推論在什麼情況下有可能是錯的？近來，反方律師還會採取另一種策略，就是告訴我有別的昆蟲學家做出了不一樣的結論，然後問我為什麼我們的意見不一致。在某些案件中，這個過程讓我們在出庭前就對昆蟲證據達到共識。但反方律師往往試圖扮演昆蟲學家，而結果通常扮得不那麼成功。

案件最終開審時，我會收到實際要出庭的日期和時間。在夏威夷和多數我出庭作證的訴訟轄區，由於法庭都有證人不可在庭內旁聽的規定，所以我或者在外面走道上等，或者待在證

人等候室，直到輪我作證為止。一旦被傳喚進去，我就進行標準的宣誓程序，誓詞只比結婚誓詞涵蓋的範圍略小一點，目的在於確保我會竭盡所知和所能，如實為我所分析的證據提出我的看法。但我的看法受到證據法則的約束。有時候，證據法則似乎是故意設計來防止你說出全部的真相。律師的提問可以誘導證人做出他們要的反應，即使這些答案不能準確反映事實。我常常必須對非常複雜的問題回答「是」或「否」。其中一個我最愛的問題就是：「你是否確定這件事絕對沒有別的解釋？」人生何來「絕對」之有，在生物學的領域亦然，凡事幾乎總有別的解釋，有的解釋成立，有的解釋不成立（例如因為小狗吃了我的功課，所以我交不出作業來）。通常（但也不盡然）這種問題都是對方律師提出來的，傳喚我的律師要是一個不留神，傳我作證的結果可能就和他當初所期望的不同。

在我提出證詞之前，法庭必須確定我擔任法醫昆蟲學專家證人的資格。如今這道程序比以前更簡單了。在夏威夷州第一次通過專家證人的資格審核後，我既有的資格證明很快就會獲得採納，後續審判中也較少花時間回答相關問題。1980年代初，刑事訴訟中若有任何一方採用昆蟲證據，該起案件通常只會有一位昆蟲學家參與。在我出庭作證的最初幾起案件中，陪審團只會聽到我的分析結果。我先簡短地介紹一下法醫昆蟲學，說明證據如何採集和檢驗，便接著提出我對證據的解讀。陪審團不會聽到別種分析或解讀。然而，如今的案件若有昆蟲牽涉其

中，雙方在法庭上普遍都會有自己的法醫昆蟲學家。

　　直接訊問[1]的部分通常相對平淡。在提出我的分析結果之前，我必須先幫陪審團上一堂昆蟲學和生態學速成課，好讓他們聽懂我做的推論。這件事就像走鋼索般。多數人不像我對蛆蟲充滿熱忱，我在高談闊論時要小心避免引起在場眾人的反感。只要有可能，我就從播放教學投影片開始。透過投影片，我可以清楚說明不同昆蟲的生命週期，也能緩和接下來的衝擊──接著要放的，就是屍體和昆蟲的投影片了。我發現，我要對陪審團說什麼往往是次要的，我怎麼說比較重要。為免顯得高高在上，我一方面要避免專業術語脫口而出，一方面又要避免談得過度簡化，說起話來簡直如履薄冰。有時候，我一不小心就會說出只有昆蟲學家才聽得懂的字眼，誰都不知道我在說什麼。

　　在我提供基礎的背景資料之後，傳喚我的律師就會引導我說出我對本案的分析，要說的通常包括我何時開始參與此案、我在哪裡採集樣本、樣本如何檢驗，以及我對證據的評估。我評估的通常是死後間隔時間，但有時我也會涵蓋其他方面的解讀。在出庭作證的這個階段，投影片、照片或昆蟲樣本通常會被當成呈堂證供，一一給陪審團過目。當庭呈報這些證據時需有絕佳的敏感度。傳我作證的控方律師一心想要說動陪審團，

1　譯注：證人出庭時，先由傳喚證人的律師做直接詢問（direct examination，或稱主詢問），再由對方律師做交叉質詢（cross examination），後由原來傳喚證人的律師做再次直接詢問（redirect examination）。

證據的效果愈震撼愈好。相反的，辯方律師卻不想讓陪審團看一堆受害者渾身是蛆的圖片。若是拿捏不當，稍有一點過火，恐怕就會有陪審員招架不住，對眼前的恐怖畫面心生反感，對我的證詞也聽不下去。這時審判流程就會中斷，陪審團和我雙方都休息一下，讓法官和律師去爭辯各種呈堂證供引人反感的因素。

通常，實際的昆蟲樣本不會引起強烈的反應，不須經過討論就能獲得認可。但我倒是有過一些自作自受的狀況，證據獲得認可反倒成了我的問題。有一起案件，我費了很大的工夫檢驗一座墳墓的土壤樣本。在這些樣本中，我發現了一個新的蟎蟲種類。本案開庭時，我正在為牠進行描述特徵及命名的程序。按照《國際動物命名規約》(*International Code of Zoological Nomenclature*)，發表新種時有個條件，就是命名者據以描述特徵的樣本必須存放在館藏機構中，以供其他動物學家參考之用，這就是所謂的「正模式標本」(holotype)。律師出庭前才打電話給我，而且像是臨時才想起來似的，他叫我把用來分析的樣本帶去。包括那個新種所有的樣本在內，我匆匆備妥，一隻都沒落下，統統帶去一起出庭。結果在審判過程中，樣本就被當成證物收走了。有朝一日，我會拿回那些樣本，完成命名定種的程序。我試過到同一地區和類似棲地採集樣本，但再也沒找到過那個種類了。

提出我對證據的分析，並受傳喚我的律師訊問過後，接下

來就是交叉質詢的時間了。開庭前在我辦公室會談時還很客氣的反方律師，現在必須設法向法官和陪審團證明我的推論有誤，或證明我是個胡言亂語的蠢蛋——這兩點都能證明又更好了。在這方面，律師所用的技倆總是令我嘆為觀止。其中一個很受歡迎的策略，就是細細檢視我的證詞或報告，針對一些小地方找碴，瑣碎到所有人都被搞得暈頭轉向。某次出庭，我在證人席上花了一個多小時，用手持計算機重做幾項計算。辯方律師用他的計算機，我用我的計算機。我們輸入相同的數字、進行一樣的計算，算著算著，陪審團變得愈來愈昏沉，也愈來愈不耐。那位律師算錯了許多地方，法官最後叫我們別再算了。

另一個策略，則是試圖證明對該起案件而言，我用的整套分析法都是不適用的。如果我的分析是以實驗室飼育的數據資料為根據，那他們就會主張必須要用案發現場的數據資料。當然，如果我憑藉的是現場資料，那他們又會主張實驗室才是唯一可靠的數據來源。如果我兩者都用了，得出的結論是一樣的，那他們就會說我顯然對自己沒把握，才會需要用兩種方法來確認結果。這個過程有時會讓我想起一款桌遊，那款桌遊就看玩家怎麼玩，遊戲規則不重要。在玩弄法律的手段面前，科學證據往往屈居下風，我經常要花很大的力氣把主題拉回來，免得模糊問題的焦點。

如今雙方經常都有自己的昆蟲學家。由於美國的法醫昆蟲學家相對稀少，所以他們往往既熟悉這個專業領域，私底下也

彼此認識。在多數案件中，個別昆蟲學家對證據的分析基本上都會得到一樣的結果。但在某些案件中，雙方對證據意見相左也是有可能的。在這種情況下，昆蟲學家就要各自為對立的兩方作證。在我經手的多數案件中，基於證人不可在場的規定，對方昆蟲學家作證時我都不得入內旁聽。這種規定是為了防止交叉質詢時其中一方的條件比另一方更有利，但我不確定這麼做的實際成效如何。另一位昆蟲學家作證時，律師通常會叫我在走道上等候，並在開始他們的交叉質詢前請求休庭，我們就趁這段休息時間討論一下證詞。在某一起案件中，儘管對方昆蟲學家不得入內聽我作證，他的太太卻坐在法庭裡仔細聽我說了什麼。

　　在另一位昆蟲學家提出他的意見時，偶爾我會獲准在場擔任顧問。這種情況通常不是發生在開庭審判時，而是在評估是否採納昆蟲證據的預審程序中。在報告他們的調查結果時，有些昆蟲學家的表現看起來很有趣。比起上講台教課，他們像是更擅長出庭作證似的。他們在證人席上的談吐各有千秋，有的就像一位慈祥和藹的老爺爺，有的則渾身散發狂妄自大的氣息。在我經手的一起案件中，對方昆蟲學家以獨樹一幟的方式講解一組數據的常態分布──他學爆米花爆開的樣子。法官留下了深刻的印象。坦白說，我從沒見過這種表演法，那是空前絕後的一次。

　　然而，絕大多數昆蟲學家作起證來都是直接而負責。只有

在極少數的情況下，我才會聽到不科學的偏頗證詞。有一次是分類明顯有誤，那位昆蟲學家不認錯，反倒推託說他和「所有同行」都詳細探討過這個問題，大家一致同意錯誤的分類才能確實反映真相。顯然，我不算在他的同行之內。事實上，我不確定他口中的同行是誰，因為和我討論過這個問題的人沒有一個同意他的說法。最後，他的證詞漏洞百出，因而在正式開庭前就被棄之不用了。在鑑定種類和區分發育階段上，他甚至犯了一個更基本的錯誤。如此這般，他對證據的分析自然啟人疑竇。

當一起案件有兩位昆蟲學家各在對立的一方時，其中一位的任務會比另一位艱難得多。在律師的協助之下，其中一方的昆蟲學家要能排除「合理的懷疑」，證明他的分析站得住腳。另一方則只要找出可能的疏失，引起「合理的懷疑」即可。理想上，這麼做是為了找出分析有誤之處，對證據做出正確的解讀，但實際情況卻不一定如此。數據如有些微差異，就連辯術不太高明的律師都能把它說成重大的瑕疵。比起在連番攻擊下捍衛自己的論點，隔岸觀火和落井下石要容易得多。

在我的出庭經驗中，就數據的套用而言，我也看過一些非常耐人尋味的手法。我總是很訝異同一個人如何能在不同時候為了不同目的，對同一組數據做出不同的解釋。舉例而言，我和我的研究生長年研究大頭金蠅和紅顏金蠅在夏威夷的生命週期，我們的研究結果受過同儕審查，並發表在具有公信力的昆

蟲學期刊上。一名反方昆蟲學家對這些研究資料的處理方式，就令我覺得不可思議。同一種類的發育階段在不同地區會有一些差異，其他學者做過的不同研究也證實了這件事。在為夏威夷一起案件的控方作證時，我用了來自夏威夷的研究資料，這些資料是根據夏威夷的族群得來的發育數據。對方昆蟲學家卻用其他地區（包括斯里蘭卡和南非）相同種類的發育數據，主張他的資料顯示我的資料有誤。他那些資料中的時間數據確實和我的略有不同，但那些資料彼此之間的數據也不一致，他卻沒有加以強調，甚至連提都沒提一下。他的證詞顯得我的數據是來自史上最糟的研究。我猜陪審團沒被他說服，因為儘管我的能力受到如此攻擊，犯罪嫌疑人還是被判謀殺罪。後來，在另一起同樣涉及這兩個種類的案件中，我得到審核證詞的機會，作證的又是那位昆蟲學家。在那份證詞中，我的時間數據符合他對事件的評估。更神奇的是，我發表的同一份研究結果成了偉大的科學經典。

到了案件開庭時，昆蟲證據多半只是當作佐證之用。確立死亡時間在一開始非常重要，但隨著調查持續進行，調查人員找出了其他證據，開庭時的焦點往往就在那些證據上。但也有一些例外，尤其是當死亡時間的確立直接導向其他證據時。1996年11月就發生了這樣一起案件。有人在考艾島（Kauai）的一片甘蔗田發現一具女性腐屍，當時我人在美國本土，所以由法醫病理學家東尼·馬努奇恩（Tony Manoukian）負責採集昆蟲

樣本，固定樣本後以酒精保存。待我回到夏威夷，樣本就寄來給我分析。樣本狀況良好，我能分辨出4種昆蟲，分別是赤足郭公蟲的成蟲、鎧氏酪蠅的幼蟲、黑水虻的幼蟲，以及麻蠅科底下某種麻蠅的三齡蟲。根據在場的這些種類和來自現場的氣象資料，我推估屍體在採樣前已歷經約34天的腐化。警方用這個估計值過濾出一名可能的犯罪嫌疑人。他承認在我提出的死亡時間當晚和那名女子在一起，但兩人最後分開時她還活著。

警方取得搜查犯罪嫌疑人住家的搜索票。結果他家明窗淨几，找不到一絲血跡。警方決定用發光胺（luminol）檢測肉眼看不到的血跡。一旦對血紅素當中的鐵離子發生反應，發光胺就會產生藍色的螢光。調查人員將發光胺噴在臥室，關燈後，床邊的地板上清楚顯現一個人體的輪廓。人是側躺著的，血液從體內滲出形成輪廓。更進一步檢驗，發光胺顯示屍體從房間地板上被拖至廚房，最後拖出門外。即使犯罪嫌疑人用漂白劑清過現場，把所有看得見的血跡盡皆清除，仍留下發光胺驗得出來的痕跡。

在審判過程中，我的分析成了關鍵證據，因為取得搜索票的理由幾乎全賴我估算的死亡時間。倘若我提出的時間遭到推翻，搜索票就會被視為無效，發光胺驗出來的證據也就不算數了。儘管辯方律師竭力質疑法醫昆蟲學這門學科，法官仍認可我對樣本的鑑定、採集和保存樣本的方式，以及我對死亡時間的估算。發光胺的鐵證也獲得採納。

○　○　○

　　在我為執法人員辦的各種訓練課程上，常有人問我當他們發現昆蟲證據時能怎麼做。通常他們想要的是一份設備購買清單，以及採集和處理標本的操作指南。然而，我總建議他們去找當地大專院校的昆蟲學家代勞。說到底，比起我給的任何指示，這麼做對他們更好。

　　犯罪現場鄰近區域的大專院校，校內的昆蟲學家有個有利的條件，那就是他們熟知當地的昆蟲群相。由他們來代勞，採集到具有代表性的樣本並妥善保存的機會便隨之提高。我也建議執法單位在有需要前就「收集」好昆蟲學家，如此一來，他才有時間考慮是否參與辦案，以及願意參與到什麼程度。不是每個人都願意參與犯罪調查，也不是每個願意參與的人都該獲准加入。

　　隨著昆蟲證據愈來愈受到認可，有些執法單位採納了我的建議，聯絡當地昆蟲學家尋求協助，並延攬他們擔任顧問。切記，多數潛在的法醫昆蟲學家都是大學教授，教授平日面對的學生和同事常對他們提出質疑。當官方派人接洽，亮出警徽請求協助，並且願意聆聽他們的意見，他們就會表現得像黃金獵犬一樣──過分熱情、亟欲討好。我打這種比喻無意冒犯昆蟲學家或飼主，只因這是我親眼所見。我家薑薑是黃金獵犬和愛爾蘭雪達犬的混種，給她一點關愛和一塊狗餅乾，她就什麼都

肯做。我從同事身上看到的反應也是如此。昆蟲學家往往就像薑薑一樣熱切（餅乾的部分除外），延攬他們進入犯罪調查的領域務必審慎。

剛起步的法醫昆蟲學家，多半沒什麼面對死者的經驗，他們對屍體的反應因人而異。我有個同事看到屍體就難受得厲害，卻還是選擇從事法醫昆蟲學。他根本鼓不起勇氣踏進停屍間，更別提當屍體還在犯罪現場時前往勘查了。他用來評估的樣本都必須由旁人代為採集，所以可信度就跟隨便一個外人採集的樣本一樣。另一位同事則是過分樂意親臨任何犯罪現場，常常試圖插手在他專業範圍以外的鑑識工作。如同多數同行，我自己對屍體的反應和對調查的參與度大概介於兩個極端之間。這些年來，我練就了一些面對死亡的技巧。儘管面對死亡必然不適，尤其是殘暴的死法，但現在我通常都能調適心情。在踏進犯罪調查這一行之前，昆蟲學家或任何相關領域的人員都務必要有心理準備。

隨著法醫昆蟲學這個新鮮刺激的領域愈來愈廣為人知，許多昆蟲學家便決定加入辦案的行列。做出這個決定並聯絡當地執法單位時，他們往往沒把可能的後果想清楚。有些人似乎不知道一旦開始調查，就不能隨口說：「我累了，不想玩了。」如果昆蟲學家從屍體上採集了樣本，就形同從屍體上取走了證據。這個證據是調查的一部分，必須妥善處理。昆蟲學家如果繼續下去，完成他的分析、交出報告，那他和案件的牽涉就又更深

了。一個步驟接著一個步驟，昆蟲學家的牽涉愈來愈深，責任也愈來愈重。在我的職業生涯中，我見過許多昆蟲學家一開始很天真、很熱情，渾然不知自己最終必須出庭作證，在呈報分析結果之餘，也要與被告面對面。他們興奮得提出無憑無據的個人意見和揣測。這是一個很容易落入的陷阱。到我參與這些案件時，這些昆蟲學家已經痛苦地意識到自己犯的錯，也來到了必須出庭作證的節骨眼。在我參與的所有法醫昆蟲調查中，我很清楚自己的證詞可能徹底改變某個人的人生，甚至是結束某個人的人生。我不會輕忽自己的責任，總是小心翼翼地將資料分析再分析，嚴謹地確認我的推算無誤，以防對結果做出錯誤的解讀。事關人命，所有的熱情都抵不上精準正確。

o o o

在昆蟲學和司法系統的交流上，這些年來，不管是積極參與法醫昆蟲學這一行的人，還是置身事外的旁觀者，有許多同行都向我表達過他們的挫折。這件事絕對有需要克服的問題，我也絕不敢說我知道所有問題的答案。事實上，我甚至還沒搞清楚所有的問題呢。每當科學證據和司法系統有所衝突，問題就來了。我們會繼續努力研究，我希望終能發展出一套系統，將昆蟲學和法庭的衝突降到最低。當然，人不好，系統也不會好。遺憾的是，正如同其他學科也有的現象，昆蟲學界總有人

為了錢，願意提出偏頗的證詞。幾年前，在美國鑑識科學會的年會上，佛羅里達州戴德郡（Dade County）的主任法醫喬瑟夫·戴維斯（Joseph Davis）表達了他的擔憂。他擔心法醫昆蟲學家會變成最新型的職業證人，受人僱用拿錢辦事。我雖然很想跳出來反駁他，但我比誰都心知肚明。我已經看到端倪了。

面對這種處境，我和同行或者坐視不理，等「職業證人」的問題嚴重到昆蟲證據再度式微；或者採取行動，為我們自己立下一些標準。從1993年開始，在咱們噁爛一族的年度早餐會上，成立資格委員會的必要性成為席間主要的話題。有些人認為，這個委員會理應設在美國昆蟲學會之下。有些人則希望委員會獨立出來，最好能有美國昆蟲學會和美國鑑識科學會雙方面的認可。由於現在參與法醫昆蟲學的人多了許多，遠不止我們當初的團隊成員而已，所以我們決定對有志者做個調查，能問到愈多人愈好。歷經兩輪調查之後，多數人顯然都不予回應。但以確實有回應的人來說，大家比較贊成橫跨兩個單位的附屬機構。

最終，我們決定成立一個獨立的委員會，主要的創辦人包括保羅·凱茲、瓦樂莉·科爾文卡（Valerie Cervenka）、羅伯特·霍爾（Robert Hall）、尼爾·哈斯克爾、K·C·金（K. C. Kim）、偉恩·洛德、肯尼·修林（Ken Schoenly）、泰德·蘇曼（Ted Suman）、傑夫·韋爾斯（Jeff Wells）和我。接下來兩年，我們擬定了各式各樣的協議、通過內部章程、羅列推薦閱讀清單。1996年，我們正式

以內華達州為基地，成立美國法醫昆蟲學委員會。同年2月，美國鑑識科學會在納許維爾舉辦年會，第一任委員就在開會期間選出，成員包括蓋爾·安德森（Gail Anderson）、保羅·凱茲、羅柏特·霍爾偉恩·洛德和我；由我擔任主席。我們的委員會在1996年4月2日成為官方認可的法人組織。幾天後，保羅·凱茲在打袋棍球時不幸因心臟病發過世，由尼爾·哈斯克爾接任他的位置。我們已發出第一批證書給法醫昆蟲學家。法醫昆蟲學家和司法系統之間可能還是會有衝突，但我們已著手建立起一套解決問題的標準。

12 | 推廣
Spreading the Word

隨著法醫昆蟲學愈來愈廣為人知，在法醫界和警界以外也愈來愈多人對它感興趣。基於大眾的興趣，一些以其他鑑識科學領域為主的研討會便將法醫昆蟲學涵蓋進去。其中，聯邦調查局就在匡堤科的聯邦調查局學院，舉辦一系列的國際專題研討會。

我在1990年6月23日造訪聯邦調查局學院，於重大災難和犯罪現場重建的國際專題研討會上報告藥毒物對蛆蟲生長發育的影響。這場研討會是我首次和聯邦調查局學院接觸，自此我們便展開多年成果豐碩的合作關係。我被他們選上主要是因為偉恩‧洛德力薦。偉恩當時是分派到康乃狄克州紐哈芬（New Haven）辦公室的特別探員，除了協助籌辦專題研討會，他自己

也要做法醫昆蟲學的報告。我對這場研討會或這間學院沒什麼
概念，不知屆時會是什麼光景。從機場到匡堤科的巴士上，我
開始體認到自己踏進了一個不同的世界。我的牛仔褲、襯衫和
涼鞋跟其他與會人士的保守服裝差了十萬八千里。抵達之後，
我拿到一份手冊。手冊上詳細說明學院的服裝規範，我發現我
違反了幾項規定。我盡量照規矩來，但保留了我的大鬍子、雞
窩頭和左耳的耳環。有幾位資深探員始終看不慣我的耳環，在
為時一週的研討會期間，其中一位老是在跟人議論我耳朵上那
顆鑽石。

　　以這座城鎮的用途而言，匡堤科是個異常愜意的地方[1]。人
人都很和善，就連三更半夜在宿舍走道上練習營救人質或逮捕
犯嫌時，氣氛都很融洽。門不上鎖，所以大家不會覺得被關在
裡頭。整個基地以隧道和封閉式的走道相連，每一區都有空調
系統，即使是在維吉尼亞悶熱的夏天，基地內部的氣溫總是很
舒適。錯綜複雜的走道形成一座巨大的迷宮，可能是某個厭倦
了老鼠實驗、決定拿人類做實驗的心理學家打造出來的。我總
覺得隨時會在轉角撞見有人拿著碼錶，或在牆上看見一個按壓
就有點心吃的桿子[2]。但整體環境很好，在這裡探討外界發生的

1　譯注：匡堤科除了是聯邦調查局學院的所在地，也是美國海軍陸戰隊作戰
　　發展司令部、海軍陸戰隊第一直升機中隊、海軍陸戰隊基礎學校、預備軍
　　官學校、美國緝毒局訓練學校、美國海軍犯罪調查局、美國陸軍犯罪調查
　　司令部、美國空軍特別調查處總部等單位的基地。

暴行再舒適不過。

　　然而，休閒活動的選擇卻很有限。晚上大家聚在一起的地方，主要是一個叫做董事會議室（Board Room）的啤酒吧兼點心屋，只是晚上10點半就打烊，其他所有設施也都關門了。由於時值6月下旬，外頭很暖和，又有一座停車場亮著強光燈，偉恩和我便拿出昆蟲學家該有的樣子。我們到停車場去採集受到強光吸引的昆蟲，才過10分鐘就有警衛趨前問我們在幹嘛。經過一番冗長的對話，他們認為我們的活動無傷大雅，就由著我們了。第二天晚上，其他人也跑來加入。到了第三天夜裡，我們已經結為一夥，成群結隊出發到停車場，搜索迷迷糊糊撲向強光的昆蟲。連警衛都跟著興味盎然起來了。

o　o　o

　　我參加過許多聯邦調查局贊助的研討會，內容涵蓋鑑識科學領域的各種主題，從毒物學、微物跡證到火場鑑識不等。過去幾年，我參與了「人類遺骸搜尋及還原」的年度訓練課程，在戶外為聯邦調查局探員上課。我在前面的章節提過，做為課程的一部分，我會將一系列豬屍放在命案常見的環境條件下，通常包括棄置地面、埋在土裡和吊掛樹上。在為期一週的訓練

2　譯注：此處典出美國心理學家史金納（B. F. Skinner, 1904-1990）於1938年
　　針對制約行為所做的白老鼠壓桿實驗。

期間，學員會看到豬屍的變化，並獲得從屍體採集昆蟲的第一手經驗。

訓練期間，隨著課程的進行，探員們會用到各式各樣的工具，也自然而然地為這些工具取起綽號來。1996年5月的課程當中，地球物理學家的工具成了「小黃」和「小紅」，尋屍犬則成了「毛毛」。課程最後一天，聯邦調查局局長來視察，他問學員應該供應什麼設備給各個分隊，聽到學員說要「兩把小紅和一隻毛毛」時，他一副很窘的樣子。

我的豬和我也沒能全身而退。大家多少都還保持一點正經，直到處理屍體實作課的前一晚為止。把要用的豬屍放出去之後，第二天一早，我趁開始上課前去視察，結果我看得目瞪口呆——牠們竟為這堂課盛裝打扮起來。每隻豬都打了領帶、配戴那種附帶塑膠鼻子的眼鏡，有一隻還繫了圍兜。當然，班上沒人承認自己靠近過這些豬，但有3位女探員忙著和盛裝打扮的豬屍合照，擺姿勢擺個沒完，看起來相當可疑。

○　○　○

聯邦調查局接受了法醫昆蟲學，並將這門學問納入他們的研討會和訓練計畫，這是法醫昆蟲學前進的一大步。在司法界和昆蟲學界，法醫昆蟲學都受到了重視，並獲得更廣泛的認可。這是噁爛一族持續努力的成果，成員們透過參加各種專業組織，

奠定了法醫昆蟲學自成一門學科的地位。

　　我初次參與這門學科的推廣教育是在1985年。當時，我和檀香山的法醫查爾斯・歐登已經合作了幾年，他愈來愈相信昆蟲學在鑑識上有它的用處。他建議我們在國家法醫協會（National Association of Medical Examiners，簡稱NAME）的年會上提出幾個案件。那年的年會是9月時在田納西州曼菲斯市（Memphis）舉行。他的提議聽起來是個好主意，我同意出席。我一早就飛抵曼菲斯市，直接前往開會地點所在的皮巴迪飯店（Peabody Hotel），一到飯店就撞見一副壯觀的景象──每天早上的「鴨子秀」。我後來得知這是皮巴迪飯店的獨特傳統，50多年來天天舉行。鴨群入場時，飯店所有的活動似乎都停止了。紅毯從電梯一路鋪到飯店大廳中央的噴泉，人群對著在紅毯上遊行的鴨子喝采，從頭到尾都有蘇薩[3]進行曲伴奏。我時差得厲害，看到這一幕簡直想立刻掉頭，搭下一班飛機回檀香山。但計程車已經開走了，而且查爾斯適時出現，所以我留了下來。發現飯店樓頂有一座「鴨子皇宮」時，我甚至覺得很有趣。

　　會議本身和我在昆蟲學界見識過的截然不同。一般而言，在昆蟲學界的會議上，多數出席者有椅子可坐。主辦單位會為大家準備座椅，並在會場後頭備有茶水。這裡則有一張張的桌子，桌上有排列整齊的紙筆，各處都可見一壺壺的冰水。報告

3　約翰・菲利普・蘇薩（John Philip Sousa, 1854-1932），美國作曲家及指揮家，代表作為美國軍旅及愛國進行曲，有進行曲之王的稱號。

做得比我習慣的形式稍不正式一點，但都相當用心。輪到我們報告時，查爾斯針對案情提出病理學家的觀點，我則提供昆蟲相關的資料。我精心挑選了適合法醫觀賞的投影片內容，亦即一張張屍體的照片。結果我完全是一廂情願。病理學家對屍體熟得不能再熟。相形之下，昆蟲才扣人心弦呢。從那之後，在對病理學家做報告時，我不會放一堆只有屍體的投影片。而在昆蟲學界的會議上，我也不會只放昆蟲的投影片。病理學家想看的是昆蟲，昆蟲學家想看的是屍體。與會人士若是橫跨兩界，那就需要綜合昆蟲和屍體的投影片。至於律師，他們幾乎什麼都看得津津有味。

對我的職業生涯而言，曼菲斯市那場國家法醫協會的會議是一個轉捩點。截至當時為止，我都將法醫昆蟲學視為我的副業。會後我的想法變了，我開始把心力傾注到這上頭。我發現一群很有趣的人，他們兢兢業業，致力於解決我才剛開始探索的問題。在這些人當中，我後來和人類學家比爾・羅德里格斯（Bill Rodriguez）密切合作了幾項計畫。一開始，我興沖沖地想要加入協會，參與更多事務。查爾斯・歐登澆了我一桶冷水，他指出我不符合國家法醫協會任何一級會員的資格。正式會員僅限於直接參與刑事鑑識的法醫、醫生和驗屍官。合作會員則限於全職參與刑事鑑識，並與驗屍官或法醫辦公室有合作關係的人。對昆蟲有興趣的大學教授似乎入會無望。查爾斯倒是向我提了一個他認為更合適的機構：美國鑑識科學會。

　　從曼菲斯市回到夏威夷以後，我取得了美國鑑識科學會
的入會申請書。該學會下分幾個部門，我必須從中擇一申請。
我選了病理學／生物學部。病理學／生物學部的會員資格開放
給擁有 M.D.、D.O 或 Ph.D.[4] 學位者，我的 Ph.D. 學位符合資格
——後來我才發現 Ph.D. 當時在病理學／生物學部是多麼稀有。
1986 年的會議上，我獲選為臨時會員，並於 1987 年第一次出
席在聖地牙哥的會議。

　　和美國鑑識科學會的會議相較之下，國家法醫協會的會議
顯得很收斂。基本上，法醫協會的成員也都在鑑識科學會的病
理學／生物學部，而且鑑識科學會還有其他 9 個部門，每個部
門的會員至少都跟我們這個部門一樣多。在聖地牙哥開會期間，
龐大的開會陣容和城鎮鄉村飯店的平面配置搞得我暈頭轉向。
想當初，我第一次在美國昆蟲學會的會議上接觸到法醫昆蟲學，
就是在城鎮鄉村飯店。這一次，我可以住在飯店裡，不必去住
高速公路另一邊的旅館。但在飯店各區有眾多不同的報告在進
行，我不停忙著從這間會議室跑到另一間，卻還是覺得好像錯
過了某個應該要參加的簡報。我摸索了幾年才習慣鑑識科學會
的會議。

4　譯注：美國學制中，M.D.、D.O 皆屬醫學博士學位，Ph.D. 則泛指學術型研
　　究博士學位。

　　不過，我很快就發現有兩場盛會不容錯過：「舊案重啟」和「奇案大觀」。在「舊案重啟」的報告上，大家運用案發當時還沒有的技術，重新分析具有歷史價值的案件或事件。「奇案大觀」一開始是一小群會員聚在飯店房間討論不尋常的案件，如今演變成整個會期中出席率最高的活動，需要一個很大的場地才行。奇案大觀由邁可・貝登（Michael Baden）主持，議程中會員提出各種光怪陸離的案件，報告經常做得非常幽默，邊開會邊配傑克丹尼威士忌已經變成一種傳統。在西雅圖的會議上，當地的規定是酒類飲品需有酒保照應。我在報告開始後幾分鐘抵達會場，朝會場後方的移動式吧台走去。我沒看到酒保，但一站到吧台前，就聽到吧台底下有人問我要喝什麼。我朝吧台另一頭窺探，看到酒保和他的助手面朝牆壁縮在吧台後面。我點了一杯啤酒，酒保速速將啤酒遞給我。我付了錢、收了找回的零錢，從頭到尾這兩個人看都不看我一眼。顯然，他們以為自己是要在那一週稍後的花展會場服務，豈料沒看到蘭花，卻被迫聽一位英格蘭來的病理學家暢談某個人為自己動變性手術的致命後果。

　　早期，我在這些會議上的報告只被視為串場表演。昆蟲資料潛在的用處受到肯定，但在多數人眼裡，蟲蟲還是一種新奇的玩意，而不是鑑識工作例行的一部分。1989年在拉斯維加斯舉行的會議上，比爾・羅德里格斯來找偉恩・洛德和我，提議辦個腐屍蒐證研習營。他已經找了法醫賴瑞・泰特（Larry Tate）

和人類學家比爾・哈格朗德（Bill Haglund），加上偉恩和我這兩個昆蟲學家，這支隊伍就算完整了。照比爾的說法，我們要辦一個相對小型的研習營，人數約莫3、40人，大家圍桌而坐，實作練習人類學、昆蟲學和病理學上常用的腐屍蒐證技巧。我覺得他的構想很好，便欣然同意。預約報名的流程開跑後，學會收到的迴響超乎預期，辦公室那邊致電比爾，詢問可否多開放「一、兩個」名額。辦公室後來又打來幾次，比爾最終同意取消名額限制，結果報名者多達175人。這下子，親手實作是別想了，大概只能傳閱一下樣本吧。所以，我們決定改成辦一場正式的講座，講座過後接著是示範課，就在沿著會場排開的桌子上進行一系列的示範。

其中一個我們認為不可或缺的示範，就是從裝在大淺盒裡的土壤中找出蛆蟲和蟲蛹。由於地點是在飯店室內的某一廳，所以我們決定不用泥土，改成用木屑。計畫是每位學員從盒子裡找出一個蟲蛹，然後把蟲蛹裝進我們提供的玻璃瓶裡。接下來，歷經整個會期，蛆蟲在蛹殼中完成發育，學員就能看到成蠅破蛹而出。我們向一家生物供應公司訂購了蛆蟲，請他們在研習營開始前一天送抵飯店，但包裹卻早了幾天送達。由於時值2月，拉斯維加斯的天氣很冷，包裹上又標明「脆弱易碎」、「活體生物」的字樣，飯店職員就決定把它放在一個溫暖的地方，直到我們抵達為止。我們訂了一千隻蛆蟲。研習營那天早上，比爾和我去領包裹時，我們覺得聽到幾隻成蠅在飛的聲音。

我們到舉辦研習營的會場打開包裹，結果一群成蠅冒了出來，開始在會場四處探索。現場有飯店員工還在為研習營做場布，我們和工作人員無不大驚失色。整場活動從頭到尾都有幾百隻蒼蠅飛來飛去，不止在那個房間，也飛到了其他幾個房間。研習營的學員們別無選擇，只能從木屑裡找出空盪盪的蛹殼。

在後來的研習營上，我們先把蛹裝進玻璃瓶裡，再把一瓶瓶的蛹發給學員，成功率就比較高。如此一來，成蠅在瓶子裡破蛹而出，不會飛得到處都是。令我訝異的是，學員常常很放不下他們的蠅蛹。每當有人在夜深時分跑來找我（通常我不記得這個人是誰），竊竊私語般地對我說：「我的還在蛹裡沒出來欸。」我還是會嚇一跳。

年復一年，有愈來愈多法醫昆蟲學家加入學會，病理學／生物學部和一般部門皆有。現在，我們是受到學會接納的一分子，不再是非主流的邊緣人了。我們對學會事務的參與度亦是與日俱增。偉恩・洛德和我是率先成為「會士」（Fellow）的昆蟲學家。我在1995年被選為病理學／生物學部的祕書，並在1997年獲選為主席，這是病理學／生物學部首度選了不是法醫病理學家的人來當老大。

○　○　○

在1985年，不止法醫界將法醫昆蟲學視為一個邊緣的支

系，昆蟲學界有許多人對法醫昆蟲學也很懷疑，甚至壓根不相信，儘管他們對這個主題也有好奇。在全國性和國際性的會議上，法醫昆蟲學的報告得到的反應很尷尬。以我最早在美國昆蟲學會全國會議做的報告為例，其中一場排我前面的是關於廄蠅（*Stomoxys calcitrans*，俗稱 stable fly）的精彩報告，排我後面的則是關於跳蚤的報告。廄蠅報告開始時，會場大概半滿。到了報告的後半部，開關門的噪音不絕於耳，會場漸漸坐滿了人。等我開始報告時，會場僅剩站立的空間。但到我報告完畢，多數觀眾都已起身離席。接下來的跳蚤報告可圈可點，會場卻只坐滿三分之一。翌年，兩位報告人都要求不要和我排在同一場，甚至不要排在同一天。

有感於為能奠定法醫昆蟲學做為一門獨立學科的地位所需的支持，我和一些同儕開始籌辦研討會和研習營，美國昆蟲學會和病媒生態協會（Society of Vector Ecology，簡稱SOVE）都有我們策畫的活動。我辦的第一場研討會，是在1985年病媒生態協會的年度會議上，地點是加州大學爾灣分校（University of California at Irvine）。我召集了一群講者，講題既包括昆蟲相關的主題，也包括愈來愈多法醫昆蟲學家所遇到的醫學和法律問題。我的一名研究生凱特・圖里斯報告她的歐胡島雨林豬屍腐化研究結果；保羅・凱茲談到在研究上和鑑識實務上未來發展的可能性；一位地方檢察官介紹了法律問題；法醫病理學家華倫・洛威爾（Warren Lovell）則帶大家一窺病理學和重大災難的堂奧。

　　研討會在學生活動中心一個「有彈性的」空間舉行。承辦人員低估了到場率，我們拉開隔板以容納過量的人潮，凱特・圖里斯第一部分的報告就這樣淹沒在喧譁聲中。大家都就座之後，擴音系統顯然只有會場的前半部聽得到。工作人員連忙調高音量，外加多開了幾個開關。聲音來了，研討會順利進行。華倫・洛威爾報告時，我匆匆到外面透透氣。會場入口外頭有個郵局窗口，由於正值聖誕節前夕的收件截止期限，寄件人潮大排長龍。我走出去時看到眾人圍成一圈，抬頭仰望天花板上的一個擴音器。研討會開始前，擴音器播送的是聖誕歌曲，但現在我聽到的是華倫的聲音。他在說一場數目兜不起來的火車事故──他找到的腿比屍體應有的腿數還多。顯然，工作人員調整擴音系統時，無意間把場內的聲音向整個學生活動中心播送出去，包括書店、學生餐廳、滑雪用品店都聽得到。結果不但沒人抱怨，而且活動中心裡到處有人圍著擴音器聽研討會。

　　年度會議上的這場研討會辦得很成功，法醫昆蟲學變得熱門起來。所以，1992年在巴爾的摩舉行的年度會議，美國昆蟲學會的長官請我在會後策畫一天的研習營。這是他們第一次嘗試從年度會議延伸出去，提供推廣教育的服務。我同意了，條件是我要找美國鑑識科學會合作研習營的同一群人擔任講師。我聯絡了老班底中的幾個人──比爾・羅德里格斯、偉恩・洛德和愛德華・麥可唐諾，他們都很樂意參與。因為泰德・蘇曼在地方昆蟲群相上的專業，我也找他加入講師陣容。當時泰德

對法醫昆蟲學相對陌生，我和他已數年不見。我們兩人都待過檀香山的畢夏普博物館，他研究蜘蛛，我研究蚊子。

　　研習營盛況空前，所有講師齊聚一堂，大家一一做了自己的報告，參加者超過180人。有鑑於研習營的迴響這麼熱烈，得到的評價又很不錯，美國昆蟲學會於是希望翌年再辦一次。根據之前在鑑識科學會辦研習營的經驗，我們建議昆蟲學會隔年辦一次比較好。但昆蟲學會還是決定照辦不誤。接下來3年，他們都用了其他講師。參加人數逐年下降，昆蟲學會就不再舉辦研習營了。不管是什麼主題的研習營，會參加的人就那麼多，而且幾乎沒人會年年都參加。相形之下，在鑑識科學會這裡，我們奉行隔年辦一次的頻率，參加人數就維持得很穩定。

○　○　○

　　儘管這些研討會和研習營都很成功，昆蟲學界對這個領域的普遍反應卻令我們噁爛一族百思不解。一方面，在我們的講座現場，聽眾總是多到只剩站立的空間。另方面，昆蟲相關學會卻似乎不願承認法醫昆蟲學是一門獨立的學問。我們很早就體認到，法醫昆蟲學家要在司法系統裡有效發揮作用，就需要得到委員會或某種監管機構的認證。根據個人出庭作證的經驗，我深知在法庭上提供專家證詞的人多半都有某個委員會的認證。司法系統傾向於承認具有委員會認證的專家證人，光有學

歷證明是不夠的。

　　一開始，我們向美國專業昆蟲學家註冊中心（American Registry of Professional Entomologists）尋求認證，後來又找上美國昆蟲學會，兩個機構都說有「醫學昆蟲學」和「獸醫昆蟲學」的認證，但「法醫昆蟲學」沒有專門的證書可發。在我們的持續努力之下，法醫昆蟲學被美國昆蟲學會列為一個專業領域，但仍舊沒有專門的證書。

　　查爾斯・歐登告訴過我，我不符合國家法醫協會任何一級會員的資格。儘管如此，我還是認為加入這個協會有助推廣法醫昆蟲學。第一次出席美國鑑識科學會的會議時，我和聖路易市郡（City and County of St. Louis）的法醫喬治・岡特納（George Gantner）敞談我的感受。和查爾斯・歐登之前的說法一樣，他也表達了保留的態度，但他贊成提高昆蟲學在刑事調查上的分量。那次會議過後，我用了有點狡猾的手段，取得並遞交了入會申請表。他們在下一次的年會期間予以審核，查爾斯・歐登告訴我，我的入會申請引起熱烈的討論。我很訝異自己竟然獲准成為會員了。我猜不是人人都同意這個決定，因為有幾個成員還是稱我為非法會員。截至目前為止，尚無其他法醫昆蟲學家成功入會，我依舊是國家法醫協會會員名錄上唯一的法醫昆蟲學家。

　　比起美國鑑識科學會，我對國家法醫協會的參與度沒那麼高，原因之一是我的教職。我是夏威夷大學馬諾阿分校熱帶農

業與人力資源學院的終身教授，而出席法醫協會的會議和夏威夷的農業發展之間，談不上有什麼直接關係，我很難說服行政單位讓我去。因此，我通常只能出席在美國鑑識科學會會期間舉辦的會議。國家法醫協會的全國會議通常是在能享有一定隱私的場地舉行。有鑒於報告的題材，一般大眾最好不要誤入會場才好。

○　○　○

隨著昆蟲學在鑑識科學界愈來愈受到關注，昆蟲學門的學生相對也對鑑識科學產生了興趣。時下的學生對於能帶來工作機會的新興學科很敏感，他們比1960年代的學生更為工作導向，不像我在大學和研究所時期繞那麼多遠路。他們專注在與工作有關的課程上。任何和目標職位沒有直接關係的學習活動，他們要嘛略過，要嘛勉強忍受。

申請到我研究室工作的學生人數急遽增加，過去十年來，申請人數遠超過研究助理的需求量。更有甚者，申請者念的科系五花八門，包括時尚設計系、商學系、機械工程系和音樂系。多樣化的背景帶來多元化的有趣學生，我和他們合作得很愉快，拜他們所賜發表的研究報告也顯示我們互動出豐碩的成果。

○　○　○

　　1980年代末到1990年代初，我去了許多大專院校，發表法醫昆蟲學的演講和擔任研習營的講師。這些行程既愉快又富有啟發性，雖然有時還滿累人的。在我停留期間，多數主辦單位似乎認為要把每分鐘都排滿活動才行。

　　其中一次特別難忘的旅程，是到北卡羅來納州的一所大學。他們安排了幾場「紀念講座」，我要負責其中一場，並帶領一個研習營。由於我的課表有些變動，這趟旅程很快就變成地獄之旅。我在週四晚上10點搭機離開檀香山，轉機兩次之後，於週五上午11點抵達北卡羅來納州的首府羅里（Raleigh），接著在其中一名主辦學生家裡的沙發上睡了兩小時，並在下午3點開始我的講座。隨後又見了幾個有興趣的學生、參加了一場歡迎會、趕上當地酒吧的歡樂時光[5]，再到一家啤酒餐廳用晚餐，最後抵達旅館已逼近午夜。我造訪時又不幸適逢校友返校日和足球大賽[6]，比賽將於週六舉行，校友們就在旅館走道徹夜踢球，持續到比賽開始為止。度過輾轉難眠的一夜之後，我在週六早上8點和學生們共進早餐，接著帶了一上午的研習營。當天下午，學生則帶我到處參觀，晚上又去了一場派對。翌日清晨6點半，我搭機回檀香山，於晚間9點半抵達夏威夷。次日早上8點我還有課，幸好週六晚上我設法睡了一會，主要是因為地主隊輸了，校友們都悶悶的。

5　譯注：指酒吧優惠時段，通常為傍晚。
6　譯注：美國校園一年一度的校友返校日，傳統上以美式足球賽為主要活動。

　　我曾一個不小心,答應在二月到北達科他大學(University of North Dakota)生物學系演講。之所以說「一個不小心」,那是因為我很怕冷,一時卻忘了二月是什麼時節。只要氣溫低於華氏70度(約攝氏21度),我就要多蓋幾條毯子。比爾‧雷恩(Bill Wrenn)是我研究恙蟎時期的老朋友,他邀我去參觀他的實驗室,順便辦個講座,說我應該會玩得很愉快。美國鑑識科學會要在紐奧良舉行年度會議,我便答應於會後前往。我為二月的紐奧良打包了行李,但沒為大福克斯(Grand Forks)的天氣做準備。我這輩子從沒見過地表上有那麼多雪。身穿棉質夏威夷衫的我冷得直發抖,而路人竟然穿著短褲和T恤!參加講座的人數超乎預期,就連地方電視台都來報導這場活動。由於我打算放一些頗為寫實的投影片,所以我事先警告過記者,他們保證在報導中絕對不會用上這些照片。我猜我大概有點天真吧。講座過後,比爾和我一起吃晚餐時,我抬頭看了看餐廳裡吧台區的電視螢幕。螢幕上的人可不就是我嗎?我的側影襯著一顆爬滿蛆蟲的顱骨,畫面中的我有點失焦。

後記：總結

Epilogue: Summing Up

如今，法醫昆蟲學幾乎每天都有新的鑑識方式研發出來。近來，我有幾位同行在處理一起不尋常的性侵案，他們從陰蝨消化道內的血液化驗人類的DNA。我研究室裡的學生打算如法炮製，他們計畫要用床蝨的消化道內容物來實驗。這些化驗法潛力無窮。或許要不了多久，從昆蟲驗出的DNA資料就能提供鎖定犯罪嫌疑人的關鍵證據，尤其是性侵犯和殺人犯。

老問題也重新受到檢視。學生們和我一起研究不同陳屍地點腐化模式的差異。一具部分泡在海水裡的屍體總是造成昆蟲分析上的困難，所以，我的一位研究生實驗了棄屍在潮間帶和陸地上的差異。事後證明，這是我碰過最棘手的一次研究。物流事宜相對簡單，但我們需要取得在潮間帶放置豬屍的許可，相關申請流程可就不簡單了。我發現我必須向美國國家環境保護署（U.S. Environmental Protection Agency，簡稱EPA）、美國魚類及野生動物管理局（U.S. Fish and Wildlife Service，簡稱FWS）、國家海洋暨大氣總署（National Marine Fisheries Service，簡稱NMFS）、美國海岸防衛隊（U.S. Coast Guard，簡稱USCG）、美國陸軍工兵部

隊（Army Corps of Engineers，簡稱USACE）、夏威夷土地及天然資源部（Hawaii's Department of Land and Natural Resources）、夏威夷州衛生署水利科（the Clean Water Branch of the State of Hawaii's Department of Health）、夏威夷州社區規畫辦公室經貿暨觀光發展部（the Department of Business, Economic Development, and Tourism of Hawaii's Office of Planning）取得許可。過程中，海岸豬屍可能造成導航災難的問題一度引起關注，我恨不得提議在豬鼻子上放個紅色警示燈或裝個綠燈，或者乾脆請學生把他的論文主題從「夏威夷海岸線棲地腐化模式研究」改成「如何取得水中研究之許可」。我想不透這項研究怎麼會跟「觀光」扯上關係，雖然豬屍一旦就定位，牠還真的變成了某種觀光景點。我們的實驗地點設在椰島（Coconut Island）的卡內奧赫灣，距離現場半哩處有一家觀光船公司，專為日本遊客提供泛舟及水上摩托車等活動。岸上的豬屍圍籠引得這些遊客流連忘返，我最後不得不向檀香山警局弄來一些犯罪現場封鎖膠帶，把整個實驗現場封鎖起來。

　　至於在乾燥的陸地上，我針對吊屍做了更多的研究。雖然我已經有很多吊屍腐化作用的相關資料，但這方面仍有許多東西要學。有一名來自巴西的博士候選人到我研究室工作3個月，她主要研究藥物檢測和藥物交互作用，來這裡是想學習我為腐化研究開發的技術。所以，她和另一名在我實驗室待了一年、來自埃及亞歷山大大學（Alexandria University）的博士候選人合作，一起執行一項鑽石頭山乾燥棲地吊屍的研究。目前現場實

驗的部分已經完成了，我們正在進行資料的分析。

　　法醫昆蟲學提出的問題看起來可能很新，但在實際上，有許多問題都是老調重彈，翻新之處在於這些問題的答案如今可以更精確、更詳盡。科技的進步讓法醫昆蟲學家能做更精確的鑑定，並能將以前無法取得的證據納入考量。與此同時，我發現自己再度面臨有關「人性」的老問題。有些事我就是無法理解。最近在考艾島的一起案件中，女性死者遭人痛毆，並用膠帶捆綁，頭部還罩了塑膠袋，接著就從家中被拖出去。從頭到尾都至少有一名目擊者看到事發經過。她的屍體被埋在土裡，埋得不深，位置離她家有一段短短的距離。我很容易就找到了符合目擊者證詞的昆蟲證據，儘管這起案件其實不需要計算死亡時間。我不懂的是：為什麼沒有一個目擊者插手干涉或報警？

○　　○　　○

　　隨著法醫昆蟲學的變遷，我也有了改變。15年前，甫踏進這個領域時，我是一名昆蟲學家，也是一名蟎蜱學家。我關注的是昆蟲和蟎蟲，以及牠們彼此之間的關係，偶爾才會旁及牠們做為病媒對人類的影響，或牠們對居家環境和農作物造成的損害。從那之後，我有了脫胎換骨的蛻變（或者也可以說是畸變）。我不再只是關注昆蟲和牠們對彼此做了什麼，而是踏進一個昆蟲、犯罪、司法系統和人性黑暗面交錯重疊的世界。

　　在這個世界中，事情往往有著純學術世界所沒有的急迫性。法醫昆蟲學在實務界的步調非常快。非快不可。一旦發生命案，警方沒有等上幾年再採取行動的餘裕。他們沒有時間等特定案件的補助金提案書寫好、交出去，更沒有時間等研究經費提撥下來。資料立刻就要到手，鑑識工作往往很快就會得出結論。所以，當我遭逢前所未見的情況，我的研究一開始都只能用急就章的方式處理，以便立刻為警方提供調查的方向。在那之後，我才能更深入地進行人為控制下的研究，最好還是在有補助金的情況下。我在命案調查中首度見識到的狀況，後來也確實成為一些極有趣的長期研究計畫。

　　在我投身於蟎蟲研究的時期，媒體鮮少認為我有什麼新聞價值。事實上，從1977到1993年間，我總共只有兩次受邀向大眾談我的專業。投身於法醫昆蟲學並出庭作證幾次後，我突然成了媒體寵兒。大眾為命案著迷，我在學校裡教書和做研究之餘，訪談的邀約多到應付不來。

　　近年來，新聞媒體對凶殺案及其他犯罪案件的報導，助長了大眾對鑑識科學的興趣。在我人生首度出庭作證過後，步出法庭時，有個地方報的記者趨近，想針對我在本案中所做的事寫一篇文章。我有點不想接受採訪，但最終還是同意了，結果就是我的照片登上了晚報。那位記者描述了我的工作，他的文章寫得很好，可能寫得有點太好了。接下來幾天，我注意到旁人看我的眼光有點奇怪。從那之後，我也出現在一些受歡迎的

刊物和幾部電視紀錄片上。拍這些紀錄片總是很有挑戰性。導演要的是真實的畫面，最好我能將發現屍體的時間排在他們計畫拍片的時間。這件事我當然做不到，就算我做得到，警方也不會准許他們拍攝犯罪現場。通常，他們最後只能接受重現犯罪現場的做法，例如前面我在第六章提過的那一次，我用毯子裹住死豬，模擬棄屍的狀況。

另一種做法是拍我在實驗室工作的畫面，接著再到先前的案發現場拍攝訪談的畫面。最近我就接受了一次難忘的訪談，拍攝現場力求昏暗無光。導演想要呈現陰森詭譎的氣氛，所以多數訪談都在一間烏漆抹黑的房間裡進行，只有紅色和藍色的燈照著我和昆蟲樣本。整部紀錄片的高潮，是在晚上9點沿著老懸崖路拍攝犯罪現場。之所以挑這種時間，也是為了符合這個主題「黑暗」的精神。就這樣，一組8人的拍攝團隊和我，來到一片雨林裡的一條路旁。就是在這裡，先前有人丟了一具屍體。在棄屍現場，屍體只是勉強胡亂地藏起來。拍攝時，在車頭燈的照耀下，畫面中只見路旁搖晃的藤蔓和樹幹。當我在處理實際的案件時，我常常納悶為什麼棄屍的舉動會沒人注意到。這一帶在鏡頭下顯得很偏僻，但馬路對面其實有幾棟房屋，距離棄屍地點不到15碼。我們閃著紅燈和藍燈，在現場待了超過45分鐘。我沿著這條路來來回回騎著我的哈雷機車，從頭到尾似乎完全沒人注意。依我看，這件案子的凶手當初應該不用急。事實上，他們大可好正以暇慢慢處理。要是知道根本不會有人

注意，他們想必會把屍體藏得好一點吧。

隨著我的工作在電視上曝光引發關注，有個我始料未及的問題，就是民眾紛紛來向我索取更多資訊。每次這些片段在電視上播出，我就會收到大量的信件和電子郵件。大部分的內容都很正常，通常是有學生想知道更多細節，偶爾也有學生在找相關系所。我盡力回覆這些來信，並試著為諮詢者提供更進一步的參考書目。但也有一些來信令人困擾，來信者幾乎是在要求我協助設計完美的犯罪計畫了。其中一封電郵的來信者執意問我對於棄屍的建議，他想知道在夏威夷要如何棄屍，事後又要如何改造昆蟲證據，以防死後間隔時間被精確計算出來。另一封電郵則要我協助架設一套偵測、追蹤連環殺手的系統，以期在殺人魔動手犯案之前就逮到他們。此人聲稱他透過親戚的關係，親自接觸過連環殺手。他自信比聯邦調查局和其他執法單位都更了解殺人魔。通常我根本不會回覆這種來信，這回我破例一次，但這位來信者卻消失在茫茫網海之中。偶爾我還是會想起他。或許他不是什麼壞人，只是沉迷於角色扮演而已。但也有可能他本人就是連環殺手，意圖精進自己的技藝。

○　○　○

當旁人得知我「靠什麼賺錢」，他們通常會有兩個問題。一是：你怎麼受得了那些死傷和暴力？二是：你碰過最有趣的案

件是什麼？也會有人問我一些別的問題，像是味道臭不臭、晚上睡不睡得著、擔不擔心遭到凶手報復，或是怎麼進這一行的，但截至目前為止，最多人問的還是這兩個問題。我從沒打算習慣死傷和暴力到無動於衷的地步。沒有人應該變得那麼鐵石心腸。跟其他人一樣，面對暴力死亡，我的適應方式是盡量保持抽離，以及靠黑色幽默來舒緩緊張的情緒。至於最有趣的案件是什麼，我還沒有答案。可能等我哪天退休了才會知道吧。但即使到了那時，只怕也很難選出一個來。目前，我還在等那個案件出現。每個案件各不相同，也都各有新的挑戰。

謝詞

Acknowledgments

本書的籌備受惠於許多人的幫助。我的妻子Dianne和女兒Dana和Alaina始終不渝地支持我。我所從事的領域不是那麼容易解釋，她們對此向來多所包容與支持。法醫昆蟲學曾是一門新奇、少用的學科，如今已成為受到認可的犯罪調查工具，過去16年來，我親身參與了它的演進。雖然本書呈現的是我個人的經驗，但我絕非唯一一個參與這個演進過程的人。我有幸得到法醫昆蟲學及其他相關領域人士的友誼與支持，尤其是 Wayne D. Lord、William C. Rodriguez III、Edward McDonough、Alvin I. Omori、Kanthi Von Guenthner、Wilson Sullivan和Gary Dias。沒有他們的鼓勵，很多工作都不可能實現。我很感激我的編輯 Ann Downer-Hazell和Nancy Clemente。是Ann提出這個寫書計畫，而她們兩人都從旁提醒我如何寫出完整的英文語句。書中唯妙唯肖的插圖出自Amy Bartlett Wright的手筆。雖然我探索的領域頂多只和農業稍微沾上一點邊，但夏威夷大學馬諾阿分校熱帶農業與人力資源學院還是大方地准許我、鼓勵我投入。本書的部分收入將捐給非營利組織「夏威夷幫手」（Helping Hands Hawaii），以支持他們為犯罪受害者與倖存者所做的努力。

參考書目

Bibliography

Bergeret, M. 1855. Infanticide, momification du cadavre. Découverte du cadavre
d'un enfant nouveau-né dans une cheminée ouil sétait momifié. Determi-
nation de l'époque de la naissance par la présence de nymphes et de larves
d'insectes dans le cadavre et par l'étude de leurs métamorphoses. *Annals of
Hygiene and Legal Medicine* 4:442-452.

Beyer, C. J., W. F. Enos, and M. Stajic. 1980. Drug identification through analysis
of maggots. *Journal of Forensic Sciences* 25: 411-412.

Blackith, R. E., and R. M. Blackith. 1990. Insect infestations in small corpses.
Journal of Natural History 24:699-709.

Bornemissza, G. F. 1956. An analysis of arthropod succession in carrion and
the effect of its decomposition on the soil fauna. *Australian Journal of Zoology*
5:1-12.

Catts, E. P., and M. L. Goff. 1992. Forensic entomology in criminal investiga-
tions. *Annual Review of Entomology* 37:253-72.

Catts, E. P., and N. H. Haskell, eds. 1990. *Entomology and death: A procedural guide.*
Joyce's Print Shop, Clemson, S.C.

Coe, M. 1979. The decomposition of elephant carcasses in the Tsavo (East)
National Park, Kenya. *Journal of Arid Environments* 1:71-86.

Cornaby, B. W. 1974. An analysis of arthropod succession in carrion and the
effect of its decomposition on soil fauna. *Australian Journal of Zoology* 5:1-12.

Dreher, G. C. 1933. Maggots: Their experimental uses in dentistry. *Dental Survey*
9:26-38.

Early, M., and M. L. Goff. 1986. Arthropod succession patterns in exposed carrion on the island of Oahu, Hawaiian Islands, USA. *Journal of Medical Entomology* 23:520-531.

Erzinçlioglu, Z. 1985. Few flies on forensic entomologists. *New Scientist* May:15-17.

Glassman, D. M., and R. M. Crow. 1996. Standardization model for describing extent of burn injury to human remains. *Journal of Forensic Sciences* 41:152-154.

Goff, M. L. 1991. Comparison of insect species associated with decomposing remains recovered inside dwellings and outdoors on the island of Oahu, Hawaii. *Journal of Forensic Sciences* 36:748-753.

——1991. Feast of clues: Insects in the service of forensics. *The Sciences* 31:30-35.

——1992. Problems in estimation of postmortem interval resulting from wrapping of the corpse: A case study from Hawaii. *Journal of Agricultural Entomology* 9:237-243.

——1993. Estimation of postmortem interval using arthropod development and successional patterns. *Forensic Sciences Review* 5:81-94.

Goff, M. L., and M. M. Flynn. 1991. Determination of postmortem interval by arthropod succession: A case from the Hawaiian Islands. *Journal of Forensic Sciences* 36:607-614.

Goff, M. L., and W. D. Lord. 1994. Entomotoxicology: A new area for forensic investigation. *American Journal of Forensic Medicine and Pathology* 15:51-57.

Goff, M. L., and C. B. Odom. 1987. Forensic entomology in the Hawaiian Islands: Three case studies. *American Journal of Forensic Medicine and Pathology* 8: 45-50.

Goff, M. L., A. I. Omori, and K. Gunatilake. 1988. Estimation of postmortem interval by arthropod succession: Three case studies from the Hawaiian Islands. *American Journal* of *Forensic Medicine and Pathology* 9:220-225.

Goodbrod, J. R., and M. L. Goff. 1990. Effects of the larval population density on rates of development and interactions between two species of *Chrysomya* (Diptera: Calliphoridae) in laboratory culture. *Journal of Medical Entomology*

27:338-43.

Greenberg, B. 1971. *Flies and disease,* vols. 1 and 2. Princeton University Press, Princeton, N.J.

———1985. Forensic entomology: Case studies. *Bulletin of the Entomological Society of America* 31:25-28.

———1990. Blow fly nocturnal oviposition behavior. *Journal of Medical Entomology* 27:807-810.

———1991. Flies as forensic indicators. *Journal of Medical Entomology* 28:565-577.

Gunatilake, K., and M. L. Goff. 1989. Detection of organophosphate poisoning in a putrefying body by analyzing arthropod larvae. *Journal of Forensic Sciences* 34:714-716.

Harwood, R. F., and M. T. James. 1979. *Entomology in human and animal health,* 7th ed. Macmillan Publishing Co., New York.

Inoue, Y. 1964. Effects of several organophosphate insecticides against last instar maggots of the flesh fly. *Japanese Journal of Sanitary Zoology* 15:273-274.

Introna, F., C. LoDico, Y. H. Caplan, and J. E. Smialek. 1990. Opiate analysis in cadaveric blowfly larvae as an indicator of narcotic intoxication. *Journal of Forensic Sciences* 35:118-122.

Kamal, A. S. 1958. Comparative study of thirteen species of sarcosaprophagous Calliphoridae and Sarcophagidae (Diptera). *Annals of the Entomological Society of America* 51:261-271.

Kintz, P., A. Godelar, A. Tracqui, P. Mangin, A. A. Lugnier, and A. J. Chaumont. 1990. Fly larvae: A new toxicological method of investigation in forensic medicine. *Journal of Forensic Sciences* 35:204-207.

Lord, W. D., T. R. Adkins, and E. P. Catts. 1992. The use of *Synthesiomyia nudiseta* (Van Der Wulp) (Diptera: Muscidae) and *Calliphora vicina* (Robineau- Desvoidy) (Diptera: Calliphoridae) to estimate the time of death of a body buried under a house. *Journal of Agricultural Entomology* 9:227-235.

Lord, W. D., M. L. Goff, T. R. Adkins, and N. H. Haskell. 1994. The black soldier fly *Hermetia illucens* (Diptera: Stratiomyidae) as a potential measure of human postmortem interval: Observations and case studies. *Journal of Forensic*

Sciences 39:215-222.

Lord, W. D., and W. C. Rodriguez III. 1989. Forensic entomology: The use of insects in the investigation of homicide and untimely death. *The Prosecutor* Winter:41-48.

Lord, W. D., and J. R. Stevenson. 1986. *Directory of forensic entomologists,* 2nd ed. Defense Pest Management Information Analysis Center, Walter Reed Army Medical Center, Washington, D.C.

McKnight, B. E. 1981. *The washing away of wrongs: Forensic medicine in thirteenth-century China.* Ann Arbor: University of Michigan Press.

Megnin, J. P. 1894. La faune des cadavers: Application e l'entomologie a la méde-cine légale. Encyclopédie Scientifique des Aide-Mémoire. Maison Gauthiers-Villas et Fils, Paris.

Nuorteva, P. 1977. Sarcosaprophagous insects as forensic indicators. In *Forensic medicine: A study in trauma and environmental hazards,* vol. 2., ed. C. G. Tedeschi, W. C. Eckert, and L. G. Tedeschi, pp. 1072-1095. Saunders, Philadelphia.

Payne, J. A. 1965. A summer carrion study of the baby pig *Sus scrofa* Linnaeus. *Ecology* 46:592-602.

Redi, F. 1668. *Esperienze intorno alla generazione degli insetti.* Insegna della Stella, Florence.

Reed, H. B. 1958. A study of dog carcass communities in Tennessee, with special reference to the insects. *American Midland Naturalist* 59:213-245.

Richards, E. N., and M. L. Goff. 1997. Arthropod succession on exposed carrion in three contrasting tropical habitats on Hawaii Island, Hawaii. *Journal of Medical Entomology* 34:328-339.

Rodriguez, W. C., and W. M. Bass. 1983. Insect activity and its relationship to decay rates of human cadavers in east Tennessee. *Journal of Forensic Science* 28:423-432.

——1985. Decomposition of buried bodies and methods that may aid in their location. *Journal of Forensic Sciences* 30:836-852.

Schoenly, K., M. L. Goff, and M. Early. 1992. A BASIC algorithm for calculating the postmortem interval from arthropod successional data. *Journal of Forensic*

Sciences 37:808-823.

Schoenly, K., M. L. Goff, J. D. Wells, and W. D. Lord. Quantifying statistical uncertainty in succession-based entomological estimates of the post-mortem interval in death scene investigations: A simulation study. *American Entomologist* 42:106-112.

Smith, K. G. V. 1986. *A manual of forensic entomology.* British Museum (Natural History), London.

Tullis, K., and M. L. Goff. 1987. Arthropod succession in exposed carrion in a tropical rainforest on O'ahu Island, Hawai'i. *Journal of Medical Entomology* 24:332-339.

Webb, J. P., Jr., R. B. Loomis, M. B. Madoon, S. G. Bennett, and G. E. Green. 1983. The chigger species *Eutrombicula belkini* Gould (Acari: Trombiculidae) as a forensic tool in a homicide investigation in Ventura County, California. *Bulletin of the Society* of *Vector Ecology* 8:141-146.

Zumpt, F. 1965. *Myiasis in man and animals in the Old World.* Butterworths, London.

詞彙表

Glossary

3,4-methylenedioxymethamphet-
    amine, MDMA
    亞甲基雙氧甲基安非他命
Acari 蟎蜱亞綱
Acaridae 粉蟎科
accumulated degree days, ADD
    積溫日數
accumulated degree hours, ADH
    積溫時數
acetic acid 醋酸
acetocholine-acetocholine esterase
    system
    乙醯膽鹼－乙醯膽鹼酯酶系統
adult fly 成蠅
allantoin 尿囊素
American Academy of Forensic
    Sciences, AAFS 美國鑑識科學會
American Board of Forensic
    Entomology, ABFE
    美國法醫昆蟲學委員會
American Registry of Professional
    Entomologists

美國專業昆蟲學家註冊中心
Amitriptyline 安米替林
ammonia 氨
ampicillin 安比西林
anal papillae 肛突
Anoplolepis longipes 長腳捷蟻
    （俗稱長腿蟻〔long-legged ant〕）
Aphodius lividus 紫褐蜉金龜
Atholus rothkirchi 羅氏閻魔蟲
Bacanius atomarius 蓋斑閻魔蟲
benzoylecognine 苯甲醯艾克寧
Berlese funnel 柏氏漏斗
biomass 生物量
bloated stage 膨脹期
blow fly 麗蠅
Boettcherisca peregrina 棕尾別麻蠅
burying beetle 埋葬蟲
Calliphora vicina 紅頭麗蠅
Calliphora 麗蠅屬
Calliphoridae 麗蠅科
Ceclor 西華克樂
cheese skipper 酪蠅

chigger 恙蟲

chitin 幾丁質

Chrysomya megacephala 大頭金蠅

Chrysomya rufifacies 紅顏金蠅

Chrysomya 金蠅屬

Cleridae 郭公蟲科

clothes moth 衣蛾

Cochliomyia 螺旋蠅屬（又稱錐蠅屬）

Cochliomyia hominivorax 原生螺旋蠅
（俗稱 primary screw-worm fly）

Cochliomyia macellaria 次生螺旋蠅
（俗稱 secondary screwworm fly）

Coleoptera 鞘翅目

Collembola 彈尾目

Cooperative State Research, Education,
and Extension Service, CSREES
州合作研究、教育與推廣服務部門

Creophilus maxillosus 大隱翅蟲

cross examination 交叉質詢

Cyclorrhapha 環裂下目

Cynomyopsis cadaverina 屍胺藍蠅

Czenspinkia transversostriata 橫紋粉蟎

darkling beetle 擬步行蟲

decay stage 腐敗期

Dermatobia hominis 人膚蠅
（俗稱 human bot fly）

Dermestes ater 鉤紋鰹節蟲

Dermestes maculatus 白腹鰹節蟲

Dermestidae 鰹節蟲科

diphenhydramine 苯海拉明

Diptera 雙翅目

direct examination 直接詢問
（或稱主詢問）

discovery 證據揭示

doxycycline 去氧羥四環素

Ectemnius polynesialis
玻里尼西亞切方頭泥蜂

egg 卵

Elavil 阿米替林

Entomological Society of America
美國昆蟲學會

environmental chamber 恆溫恆濕機

erythromycin 紅黴素

ethyl alcohol 乙醇

Euborellia annulipes 環紋肥螋

Eutrombicula belkini 貝式真恙蟎

external skeleton 外骨骼

facultative traumatic myiasis
兼性外傷蠅蛆症

Fannia pusio 廁蠅（俗稱雞糞蠅
〔chicken dung fly〕）

Fannia 廁蠅屬

FBI Academy 聯邦調查局學院

first instar larva 一齡蟲

fresh stage 新鮮期

gamasid mite 革蟎

gas chromatography, GC 氣相層析

Glypholaspis Americana 美利堅巨鋏蟎

Hemiptera 半翅目

Hermetia illucens 黑水虻
（俗稱 black soldier fly）

hide beetle 鰹節蟲

hister beetle 閻魔蟲

Histeridae 閻魔蟲科

Histiostoma 薄口蟎屬

Histiostomatidae 薄口蟎科

histolysis 組織解離

house fly 家蠅

Hymenoptera 膜翅目

imaginal bud 成蟲芽

imaginal disc 成蟲盤

Institutional Animal Care and Use
　Committee, IACUC
　實驗動物照護及使用委員會

International Code of Zoological
　Nomenclature 國際動物命名規約

isopropyl alcohol 異丙醇

kerosene 煤油

Labiidae 小蠼螋科

LD50 半致死劑量

Lomotil 止瀉寧

Macrocheles merdarius 糞巨鋏蟎

Macrochelidae 巨鋏蟎科

maggot mass 蛆團

Malathion 馬拉松

mealybug 粉介殼蟲

Megaselia scalaris 蛆症異蚤蠅

Methamphetamin 甲基安非他命

microhabitat 微棲地

Milichiidae 稈稈蠅科

millipede 馬陸

Minamata disease 水俣病

minimum postmortem interval,

minPMI 死後間隔時間最小值

mite 蟎蟲

moth fly 蛾蚋

Musca domestica 普通家蠅
　（俗稱 common house fly）

Muscidae 家蠅科

Muscomorpha 蠅下目

myiasis 蠅蛆症

nabid bug 姬蝽（或稱擬刺蝽）

National Association of Medical
　Examiners, NAME 國家法醫協會

National Institutes of Health, NIH
　衛生研究院

National Oceanic and Atmospheric
　Agency, NOAA
　國家海洋暨大氣總署

Necrobia ruficollis 雙色琉璃郭公蟲
　（俗稱赤頸郭公蟲
　〔red-shouldered ham beetle〕）

Necrobia rufipes 赤足郭公蟲
　（俗稱 red-legged ham beetle）

Nitidulidae 露尾甲科

nortriptyline 去甲替林

nymph 稚蟲（又稱若蟲）

Onthophagus incensus 焦黑糞金龜
　（俗稱 burnt dung beetle）

Ophyra aenescens 古銅黑蠅

organophosphate 有機磷

Orthoptera 直翅目

Otitidae（現稱 Ulidiidae）斑蠅科

Oxytelus 背筋隱翅蟲屬

paper wasp 長腳蜂

Parasarcophaga ruficornis 緋角亞麻蠅

Parasitidae 寄蟎科

PCP 苯環利定（俗稱天使塵）

pentazocine 鎮痛新

peritreme 氣門環

Phaenicia coeruleiviridis（現稱 *Lucilia coeruleiviridis*）藍綠蠅

Phaenicia cuprina（現稱 *Lucilia cuprina*）銅綠蠅

Phaenicia sericata（現稱 *Lucilia sericata*）絲光綠蠅

Phaenicia 綠蠅屬

Phenobarbital 苯巴比妥錠

Philonthus discoides 盤狀隱翅蟲

Philonthus longicornis 長角隱翅蟲

Philonthus rectangularis 矩形隱翅蟲

phorid fly 蚤蠅

physical parameter 物理參數

picture-winged fly 彩翅蠅

Piophila casei 鎧氏酪蠅

Piophilidae 酪蠅科

Polistes 馬蜂屬

popping 騰空

population 族群

post-decay stage 後腐敗期

posterior spiracle 後氣門

postmortem interval, PMI 死後間隔時間

Psychodidae 蛾蚋科

puparium 蛹殼

redirect examination 再次直接詢問

reduviid bug 獵

regression analysis 迴歸分析

rove beetle 隱翅蟲

sap beetle 露尾蟲

Saprinus lugens 黑背閻魔蟲

Sarcophaga bullata 灰麻蠅

Sarcophaga canaria 加那利麻蠅

sarcophagid 麻蠅

Sarcophagidae 麻蠅科

Scenopinidae 窗虻科

screw-worm fly 螺旋蠅

second instar larva 二齡蟲

Silphidae 埋葬蟲科

skeletal stage 骨骸期

small dung fly 小糞蠅

Smithsonian Institution 史密森學會

social insect 社會性昆蟲

Society of Vector Ecology, SOVE 病媒生態協會

soil fauna 土棲動物群相

soldier fly 水虻

Solenopsis geminata 熱帶火蟻

Solenopsis invicta 入侵紅火蟻（俗稱紅火蟻〔imported fire ant〕）

Sphaeroceridae 大附蠅科

Sphecidae 泥蜂科（又稱細腰蜂科）

spiracle 氣門

Spirobolellus 旋剌馬陸屬

springtail 跳蟲

Staphylinidae 隱翅蟲科

Stomoxys calcitrans 廄蠅
（俗稱 stable fly）

Stratiomyidae 水虻科

Succession 演替（或稱消長）

Symphylid 壓蚰（結閉綱動物）

Synthesiomyia nudiseta 紅尾室蠅

Systematic Entomology Laboratory
昆蟲系統學研究室

tailless whip scorpion 無尾鞭蠍
（又稱鞭蛛或蠍蛛）

Teleogryllus oceanicus 濱海眉紋蟋蟀

Tenebrio molitor 麵包蟲

Tenebrionidae 擬步行蟲科

The College of Tropical Agriculture and
Human Resources
熱帶農業與人力資源學院

thin-layer chromatography, TLC
薄層層析

third instar larva 三齡蟲

Thyreocephalus albertisi 艾氏隱翅蟲

Tineidae 蕈蛾科

tricyclic antidepressant, TCA
三環抗憂鬱劑

Trombiculidae 恙蟎科

Tylenol 3 泰諾三

Tyrophagus putrescentiae 腐食酪蟎

U.S. Air Force Office of Special
Investigations, AFOSI
美國空軍特別調查處

U.S. Department of Agriculture, USDA
美國農業部

U.S. Drug Enforcement
Administration, DEA 美國緝毒局

Uropodidae 尾足蟎科

Vespidae 胡蜂科

Vespula pennsylvanica 西方黃胡蜂

wandering 跳蛹

Winterschmidtiidae 溫特蟎科

犯罪手法系列3──

法醫昆蟲學

案發現場的蠅蛆、
蒼蠅與甲蟲……
沉默的目擊者如何
成為破案證據

A FLY FOR THE PROSECUTION:
How Insect Evidence Helps Solve Crimes
By M. Lee Goff
Copyright © 2000 by the President and
Fellows of Harvard College
Published by arrangement with Harvard
University Press
through Bardon-Chinese Media Agency
Complex Chinese translation copyright ©
2019 by Rye Field Publications,
a division of Cité Publishing Ltd.
ALL RIGHTS RESERVED

犯罪手法系列3──法醫昆蟲學：
案發現場的蠅蛆、蒼蠅與甲蟲……
沉默的目擊者如何成為破案證據／
麥迪森・李・戈夫（Madison Lee Goff）著；
祁怡瑋譯. ─初版. ─台北市：麥田出版：
家庭傳媒城邦公司發行，2019.07
譯自：A Fly for the Prosecution:
How Insect Evidence Helps Solve Crime
ISBN 978-986-344-662-0（平裝）
1.法醫學 2.昆蟲學 3.刑事偵察 4.通俗作品
586.66　　　　　　108006803

封面設計　王志弘
印　　刷　漾格科技股份有限公司
初版一刷　2019年7月
初版九刷　2022年2月

定　　價　新台幣380元
I S B N　978-986-344-662-0
Printed in Taiwan
著作權所有・翻印必究

作　　者　麥迪森・李・戈夫（Madison Lee Goff）
譯　　者　祁怡瑋
審　　訂　蕭旭峰
責任編輯　林如峰
國際版權　吳玲緯
行　　銷　蘇莞婷　黃俊傑
業　　務　李再星　陳紫晴　陳美燕　馮逸華
主　　編　林怡君
編輯總監　劉麗真
總 經 理　陳逸瑛
發 行 人　涂玉雲

出　　版

麥田出版
台北市中山區104民生東路二段141號5樓
電話：(02) 2-2500-7696　傳真：(02) 2500-1966
網站：http://www.ryefield.com.tw

發　　行

英屬蓋曼群島商家庭傳媒股份有限公司城邦分公司
地址：10483台北市民生東路二段141號11樓
網址：http://www.cite.com.tw
客服專線：(02)2500-7718; 2500-7719
24小時傳真專線：(02)2500-1990; 2500-1991
服務時間：週一至週五09:30-12:00; 13:30-17:00
劃撥帳號：19863813　戶名：書虫股份有限公司
讀者服務信箱：service@readingclub.com.tw

香港發行所

城邦（香港）出版集團有限公司
地址：香港灣仔駱克道193號東超商業中心1樓
電話：+852-2508-6231　傳真：+852-2578-9337
電郵：hkcite@biznetvigator.com

馬新發行所

城邦（馬新）出版集團【Cite(M) Sdn. Bhd. (458372U)】
地址：41, Jalan Radin Anum, Bandar Baru Sri Petaling,
57000 Kuala Lumpur, Malaysia.
電話：+603-9057-8822　傳真：+603-9057-6622
電郵：cite@cite.com.my